Libri i gatimit Ul·
Snacks and Squares

100 RECETA TË SHIJSHME DHE TË ËMBLA PËR ÇDO MBLEDHJE

Sabial Gjoni

© E drejta e autorit 2024
- Të gjitha të drejtat e rezervuara.

Libri i mëposhtëm është riprodhuar më poshtë me synimin për të ofruar informacion sa më të saktë dhe të besueshëm. Pavarësisht, blerja e këtij libri mund të shihet si pëlqim për faktin se si botuesi ashtu edhe autori i këtij libri nuk janë në asnjë mënyrë ekspertë për temat e diskutuara brenda dhe se çdo rekomandim apo sugjerim që bëhet këtu është vetëm për qëllime argëtimi. Profesionistët duhet të konsultohen sipas nevojës përpara se të ndërmerren ndonjë nga veprimet e miratuara këtu.

Kjo deklaratë konsiderohet e drejtë dhe e vlefshme si nga Shoqata e Avokatëve Amerikanë ashtu edhe nga Komiteti i Shoqatës së Botuesve dhe është ligjërisht i detyrueshëm në të gjithë Shtetet e Bashkuara.

Për më tepër, transmetimi, dublikimi ose riprodhimi i cilësdo prej punimeve të mëposhtme, duke përfshirë informacione specifike, do të konsiderohet një veprim i paligjshëm, pavarësisht nëse bëhet në mënyrë elektronike ose të shtypur. Kjo shtrihet në krijimin e një kopje dytësore ose terciare të veprës ose një kopje të regjistruar dhe lejohet vetëm me pëlqimin e shprehur me shkrim nga Botuesi. Të gjitha të drejtat shtesë janë të rezervuara.

Informacioni në faqet në vijim konsiderohet gjerësisht si një përshkrim i vërtetë dhe i saktë i fakteve dhe si i tillë, çdo mosvëmendje, përdorim ose keqpërdorim i informacionit në fjalë nga lexuesi do t'i bëjë çdo veprim që rezulton vetëm nën kompetencën e tyre. Nuk ka asnjë skenar në të cilin botuesi ose autori origjinal i kësaj vepre mund të konsiderohet në çfarëdo mënyre përgjegjës për ndonjë vështirësi ose dëmtim që mund t'i godasë pas marrjes së informacionit të përshkruar këtu.

Për më tepër, informacioni në faqet në vijim është menduar vetëm për qëllime informative dhe për këtë arsye duhet të konsiderohet si universal. Siç i përshtatet natyrës së tij, ai paraqitet pa siguri në lidhje me vlefshmërinë e zgjatur ose cilësinë e përkohshme. Markat tregtare që përmenden bëhen pa pëlqimin me shkrim dhe në asnjë mënyrë nuk mund të konsiderohen si miratim nga mbajtësi i markës tregtare.

Sommario

HYRJE..8

BROWNIES & FUDGE...9
A) BROWNIES LAJTHIE ME ÇOKOLLATË.....................9
B) CHOCOLATE BROWNIES...12
C) ROCKY ROAD BROWNIES......................................14
D) KIKIRIKU DHE JELLY FUDGE..................................16
E) FUDGE BAJAMESH PA PJEKJE.................................18
F) RED VELVET FUDGE PROTEINBARS......................20
G) FUDGE MUNCHIES...22
A) BROWNIES MOKA ME BRYMË................................24
B) BIONDE ME FARA CHIA ME GJALPË PEKAN........26
C) BROWNIES APPLE...29
D) BROWNIES ME LEH MENTE....................................30
E) SHUFRA KETO ME GJALPË KIKIRIKU...................32
F) BROWNIES ME KUNGULL I NJOMË I PREFERUAR.....35
G) BROWNIES ME ÇOKOLLATË MALT........................37
H) BROWNIES ME ÇOKOLLATË GJERMANE..............39
16. MATCHA JESHIL TEA FUDGE................................41
17. BROWNIES ME KEK ME XHENXHEFIL................43
18. ÇOKOLLATË ME MJALTË BROWNIES..................45
19. BROWNIES MENTE..47
20. PECAN BROWNIES...49
21. BROWNIES MENTE ME SALCË KAFEJE...............51
22. BROWNIES ME ÇOKOLLATË DHE ARRËMYSHK.....55
23. GJALPË KIKIRIKU SWIRL BROWNIE.....................58
24. KUNGULL BROWNIES...60

LËVORE, GJEVREK DHE NUGATINA...............62

25. LËVORJA E BUDËS ME MENTE..............................63

26. LËVORJA E ÇOKOLLATËS ME PECANË TË ËMBËLSUAR..................66
A) BIONDE ME FARA CHIA ME GJALPË PEKAN..................68
28. MANGO E THARË E ZHYTUR NË ÇOKOLLATË..................71
29. SHUFRA GJEVREK ME ÇOKOLLATË TË BARDHË..................73
30. NOUGATINE E ZHYTUR NË ÇOKOLLATË..................75

ËSERTI TRUFFES & TOPA..................77

31. TOPA ME GJALPË KIKIRIKU..................78
32. TARTUFI ANCHO CHILE..................80
33. TARTUFI ME ÇOKOLLATË..................82
34. QERSHI TË MBULUARA ME ÇOKOLLATË..................84
35. FUDGE NAPOLITANE..................86
36. TOPA BROKOLI ME DJATHË..................88
37. QERSHI TË ZHYTURA NË CHOSOLATE..................90
38. PATTIES NENEXHIK..................92
39. TOPA TË KOKOSIT MARSHMALLOW..................94
40. TOPA ME GJALPË KIKIRIKU..................96
41. TOPAT E BORËS..................98

BOMBAT E SHUMËLIRËS SË NDRYSHME..................100

BOMBAT YNDYRORE NAPOLITANE..................101
LËNDË YNDYRORE ME PANJE DHE PROSHUTË..................103
A) BOMBA ME YNDYRË PORTOKALLI KOKOSI..................106
A) BOMBAT JALAPENO..................108
1. BOMBA YNDYRORE PICASH..................110
2. BOMBA YNDYRORE ME GJALPË KIKIRIKU..................112
SHUFRA ME BOMBË ME YNDYRË ARRA PANJE..................114
BOMBA ME PROSHUTË ME DJATHË..................116
PROSHUTË ME KARAMEL FAT POP..................119
3. BARE SHQEME ME KARAMEL TË KRIPURA..................122
4. KARAMELET E FËSTËKUT..................125
5. SHESHE KRYESORE GËLQEREJE..................127

6. KAFSHIMET E GRANOLA ME ÇOKOLLATË TË BARDHË..................129
7. SHESHE KARAMELE ME PROSHUTË TË ËMBËLSUAR....................131
8. BARE ME ARRA ME KARAMEL DREAM...........................134
9. BARE KRONIKE TË PEKANIT..................................136
16. GJALPË BAJAME CHIA KATRORE..............................138
16. NUGGETS FARA CHIA......................................141
18. ARRA ME PROTEINA ME ÇOKOLLATË..........................144
19. BARE PROTEINASH ME ÇOKOLLATË GJERMANE..................146
20. BARE PROTEINASH BLUEBERRY BLISS........................148
21. GJALPË KIKIRIKU ME ÇOKOLLATË BARE PROTEINASH...........150
22. BARE PROTEINASH ME FARA TË PAPËRPUNUARA TË KËRPIT TË KUNGULLIT....152
23. CRUNCHBARS ME PROTEINA VANILJE XHENXHEFILI.............154
24. BARE GJEVREK ME GJALPË KIKIRIKU........................156
25. BARE PROTEINASH ME BAJAME ME BORONICË..................158
26. TORTE ME ÇOKOLLATË TË TREFISHTË ME PROTEINA............160
27. BARE ME MJEDËR-ÇOKOLLATË...............................163
28. BARE BRUMI PËR BISKOTA ME GJALPË KIKIRIKU..............164
29. BARE PROTEINASH MUESLI.................................166
30. BARE PROTEINASH PËR KEK ME KARROTA.....................168
31. BARE PORTOKALLI DHE GOJI BERRY.........................171
32. BAR PROTEIN E PJEKUR ME LULESHTRYDHE...................173
33. BARE PROTEINASH MOKA...................................175
34. BARE PROTEINASH ME ÇOKOLLATË ME BANANE.................177
35. BARE TË PAPËRPUNUARA QIELLORE..........................179
36. BARE PËRBINDËSH..181
37. BORONICA CRUMBLE BARS..................................183
38. BARE GUMDROP...185
39. BARE ME RROTULL ME ARRAT E KRIPURA.....................187
40. BARE QERSHIE TË PYLLIT TË ZI...........................189
41. BARE KOKOSHKASH ME BORONICË............................189
42. PËRSHËNDETJE DOLLY BARS................................192
43. BARE KREMI IRLANDEZ....................................194
44. BARE ME RROTULLIM BANANEJE.............................196
45. BARE ME QUMËSHTOR ME KUNGULL...........................198

46. BARE GRANOLA..200
47. BOLLGUR KUNGULL ANYTIMESQUARES...202
48. BARE KUNGUJSH ME KADIFE TË KUQE....................................205
49. BARE LIMONI ME BORË...207
50. BARE EASY BUTTERSCOTCH..209
51. BAR BAJAME CHERRY..211
52. BARE CRUNCH KARAMEL...213
53. BARE KOKOSHKASH TË GATUARA DY HERË...................................216
54. NO-BAKE COOKIE BARS..218
55. BARE ME LIMON BAJAMESH..220
56. BAR ÇOKOLLATË...224
57. BARE ME BOLLGUR..226
58. BARE PËRTYPËSE ME ARRA..228

PËRFUNDIM...**231**

HYRJE

Çfarë është një brownie? Brownie është një ëmbëlsirë e pjekur me çokollatë katrore ose drejtkëndore. Brownies vijnë në një larmi formash dhe mund të jenë ose të buta ose të ëmbël, në varësi të densitetit të tyre. Ato mund të përfshijnë arra, krem, krem djathi, copëza çokollate ose përbërës të tjerë.

Çfarë janë bombat yndyrore? Bombat yndyrore janë ëmbëlsira të ëmbla me pak karbohidrate dhe pa sheqer, zakonisht të bëra me vaj kokosi, gjalpë kokosi, krem djathi, avokado dhe/ose gjalpë arrash. Pothuajse, çdo gjë me yndyrë të lartë, pa sheqer dhe me pak karbohidrate mund të bëhet për t'u bërë një bombë yndyrore.

Çfarë janë topat e ëmbëlsirës? Në thelb, është një ëmbëlsirë e pasur e ëmbël e bërë me sheqer dhe shpesh e aromatizuar ose e kombinuar me fruta ose arra. Çfarë mund të jetë më mirë se një ëmbëlsirë dekadente? Një që vjen në formën e një topi!

Që këtu e tutje, pjekja nga e para, një tufë me brownies ose bombë yndyrore ose një top ëmbëlsirë do të jetë aq e lehtë sa të kapni sendet në kuti, falë këtyre recetave.

Le të zhytemi!

BROWNIES & FUDGE

a) **Brownies lajthie me çokollatë**

Përbërësit:
- 1 filxhan kakao pluhur pa sheqer
- 1 filxhan miell për të gjitha përdorimet
- 1 lugë. sode buke
- ¼ lugë. kripë
- 2 TBSP. gjalpë pa kripë
- 8 TBSP. gjalpë
- 1½ filxhan sheqer kafe të errët, të paketuar fort
- 4 vezë të mëdha
- 2 lugë. ekstrakt vanilje
- ½ filxhan çokollatë me qumësht
- ½ filxhan çokollatë gjysmë të ëmbël
- ½ filxhan lajthi të thekura, të copëtuara

a) Ngroheni furrën në 340°F (171°C). Lyeni lehtë një tavë pjekjeje 9×13 inç (23×33 cm) me llak gatimi që nuk ngjit dhe lëreni mënjanë. Në një tas mesatar, kombinoni pluhurin e kakaos pa sheqer, miellin për të gjitha përdorimet, sodën e bukës dhe kripën. Lini mënjanë.
b) Në një kazan të dyfishtë mbi nxehtësi të ulët, shkrini së bashku gjalpin dhe gjalpin pa kripë. Pasi të jetë shkrirë, hiqeni nga zjarri dhe përzieni me sheqer kafe të errët. Hedhim përzierjen e gjalpit dhe sheqerit në përzierjen e miellit dhe e përziejmë që të bashkohet.
c) Në një tas të madh, rrihni vezët dhe ekstraktin e vaniljes me një mikser elektrik me shpejtësi mesatare për 1 minutë. Ngadalë shtoni përzierjen e gjalpit dhe miellit dhe përzieni edhe për 1 minutë derisa të kombinohen. Shtoni patate të skuqura çokollatë me qumësht, çokollatë gjysmë të ëmbla dhe lajthi dhe rrihni për disa sekonda që të shpërndahen shpejt.
d) Transferoni përzierjen në tavën e përgatitur dhe piqni për 23 deri në 25 minuta ose derisa sipërfaqja të duket e errët dhe e thatë. Ftoheni plotësisht në tigan përpara se ta prisni në 24 pjesë dhe ta zhvendosni në një pjatë.

e) Ruajtja: Mbajeni të mbështjellë fort në mbështjellës plastik në frigorifer për 4 deri në 5 ditë ose në frigorifer për 4 deri në 5 muaj.

b) Chocolate Brownies

Përbërësit:
10. 1/4 kupë gjalpë
11. 1/4 kupë gjalpë normal
12. 2 vezë
13. 1 kafe ekstrakt vanilje
14. 1/3 kupë pluhur kosaa e pa sheqerosur
15. 1/2 filxhan miell për të gjitha përdorimet
16. 1/4 teaspoon salt
17. 1/4 lugë çaji pluhur për pjekje

Për Frosting:
- 3 tablespoons gjalpë, i zbutur
- 1 teaspooon gjalpë, i zbutur
- 1 tablespoon honey
- 1 teaspoon vanila extraac t
- 1 filxhan sheqer konfeksioni

Drejtimet:
- Paraprakisht në furrë në 330 gradë F.
- Lyejeni dhe lyeni me miell një katror 8 inç.
- Në një tenxhere të madhe, në zjarr shumë të ulët, shkrini 1/4 filxhan gjalpë dhe 1/4 filxhan gjalpë.
- Hiqeni nga nxehtësia dhe përzieni sheqerin, vezët dhe 1 teaspoon vanila. Rrihni në 1/3 sur cocoa, 1/2 sur miell, kripë dhe pluhur për pjekje. Përhapeni batere το peparered.
- Piqni në furrë të paravendosur për 25 deri në 30 minuta. Mos e teproni.

Për brymë:

Kombine 3 tablespoons softenene gjalpë dhe 1 lugë çaji gjalpë; shtoni lugë gjelle mesoa, mjaltë, 1 lugë çaji ekstrakt vanilje, dhe 1cup cokonfectioners' segar. Përziejeni derisa të jetë e qetë

c) Rocky Road Brownies

Rendimenti: 12 brownies

Përbërësit:
- 1/2 gjalpë i mbushur me kanabi
- 1/8 sur gjalpë
- 2 ounce shosolate pa sheqer
- 4 copë çokollatë e hidhur ose gjysmë e ëmbël
- 3/4 cup all-purpose flou r
- 1/2 teaspoon salt
- 1 filxhan sheqer i grimcuar
- 2 vezë të mëdha
- 1 lugë çaji ekstrakt vanilje
- 3/4 filxhan feta bajame të thekura
- 1 pjekje marshmallow miniaturë

Drejtimet:
1. Ngrohni furrën në temperaturën 350 gradë F. Rrini një tavë pjekjeje katrore 8 inç me letër alumini dhe lyeni letrën me yndyrë ose me gjalpë ose shkurtim perimesh.
2. Shkrini gjalpin, gjalpin dhe çokollatat në një tenxhere të mesme duke i përzier shpesh. Vendoseni mënjanë të ftohet për 5 minuta.
3. Përziejini së bashku miellin dhe kripën; lëre mënjanë.
4. Përzieni sheqerin në gjalpin e shkrirë derisa të kombinohet mirë.
5. Rrihni vezët dhe vaniljen dhe vazhdoni t'i përzieni derisa të përfshihen mirë.
6. Përzieni miellin dhe kripën derisa të përfshihet.
7. Rezervoni 1/2 kupë të brumit brownie dhe shpërndajeni pjesën e mbetur në pjatën e caktuar.
8. Piqni brumin në tigan për rreth 20 minuta. Gjatë kohës që është duke u pjekur, përgatisni grisjen duke e trazuar së bashku brumin e rezervuar me bajamet e thekura dhe marshmallows.
9. Pasi batter bate pan has pjek for 20 minte, hiqeni nga furra.
10. Përhapeni brownies të pjekura dhe kthehuni në furrë. Piqni edhe për rreth 10 minuta të tjera ose derisa marshmallows të

jenë skuqur dhe një kruese dhëmbësh e futur në qendër të dalë me vetëm disa thërrime më të mëdha të ngjitura pas saj.

d) Kikiriku dhe Jelly Fudge

Përbërësit:
- Shurup panje, ¾ filxhan
- Ekstrakti i vaniljes, 1 lugë çaji
- Kikirikë, 1/3 filxhan, të copëtuar
- Gjalpë kikiriku, ¾ filxhan
- Qershi të thata, 1/3 filxhan, të prera në kubikë
- Pluhur proteinash çokollate, ½ filxhan

Metoda:
- Pritini kikirikët dhe qershitë dhe mbajini mënjanë.
- Ngroheni shurupin e panjës në temperaturë të ulët dhe më pas hidheni mbi gjalpë kikiriku në një tas. Përziejini derisa të jetë e qetë.
- Shtoni vaniljen dhe proteinën pluhur dhe përziejini mirë që të kombinohen.
- Tani shtoni kikirikë dhe qershi dhe palosni butësisht, por shpejt.
- Transferoni brumin në një tigan të përgatitur dhe ngrijeni derisa të fitojë.
- Pritini në shufra pas vendosjes dhe shijojeni.

e) Fudge bajamesh pa pjekje

Përbërësit:
- Tërshërë, 1 filxhan, i grirë në miell
- Mjaltë, ½ filxhan
- Tërshërë të shpejtë, ½ filxhan
- Gjalpë bajame, ½ filxhan
- Ekstrakti i vaniljes, 1 lugë çaji
- Pluhur proteine vanilje, ½ filxhan
- Patate të skuqura çokollatë, 3 lugë drithëra orizi krokante, ½ filxhan

Metoda:
- Spërkatni një tepsi me llak gatimi dhe mbajeni mënjanë. Kombinoni drithërat e orizit me miell tërshërë dhe tërshërë të shpejtë. Mbajeni mënjanë.
- Shkrini gjalpin e bajameve me mjaltin në një tigan dhe më pas shtoni vaniljen.
- Transferoni këtë përzierje në tasin e përbërësve të thatë dhe përzieni mirë.
- Transferoni në tiganin e përgatitur dhe rrafshoni me një shpatull.
- Lëreni në frigorifer për 30 minuta ose derisa të forcohet.
- Ndërkohë shkrini çokollatën.
- Hiqeni përzierjen nga tigani dhe hidhni sipër çokollatën e shkrirë. Lëreni sërish në frigorifer derisa çokollata të fitojë dhe më pas priteni në copa të madhësisë që dëshironi.

f) Red Velvet Fudge ProteinBars

Përbërësit:

a) Pure panxhari i pjekur, 185 g
b) Pastë fasule vanilje, 1 lugë çaji
c) Qumësht soje pa sheqer, ½ filxhan
d) Gjalpë arra, 128 g
e) Kripë rozë Himalaje, 1/8 lugë çaji
f) Ekstrakt (gjalpë), 2 lugë çaji
g) Stevia e papërpunuar, ¾ filxhan
h) Miell tërshërë, 80 g
i) Pluhur proteinash, 210 g

Metoda:

a) Shkrini gjalpin në një tenxhere dhe shtoni miellin e tërshërës, pluhur proteinash, purenë e panxharit, vaniljen, ekstraktin, kripën dhe stevia. I trazojmë derisa të bashkohen.
b) Tani shtoni qumështin e sojës dhe përzieni derisa të përfshihet mirë.
c) Transferoni përzierjen në një tigan dhe vendoseni në frigorifer për 25 minuta.
d) Kur masa të jetë e fortë, priteni në 6 shufra dhe shijojeni.

g) Fudge Munchies

Shërbim: 6-8

Përbërësit:

- 1/2 filxhan gjalpë
- 1/2 filxhan gjalpë bajame
- 1/8 deri në 1/4 filxhan mjaltë
- 1/2 e një bananeje, e bërë pure
- 1 lugë. Ekstrakt vanilje
- çdo lloj gjalpi arrash
- 1/8 filxhan fruta të thata
- 1/8 filxhan patate të skuqura çokollatë

Drejtimet:

a) Në një blender ose përpunues ushqimi, shtoni të gjithë përbërësit. Përziejini për disa minuta derisa të jetë e qetë. 2. Hidheni brumin në një tavë me shtrimin e letrës për pjekje.
b) Për copa më të mëdha, përdorni një tepsi të vogël ose dyfishoni recetën. Lëreni në frigorifer ose ngrini derisa të forcohet. Pritini në 8 katrorë të barabartë.

c)

a) Brownies moka me brymë

- 1 c. sheqer
- 1/2 c. gjalpë, i zbutur
- 1/3 c. pjekje kakao
- 1 t. kokrrizat e kafesë së menjëhershme
- 2 vezë, të rrahura
- 1 t. ekstrakt vanilje
- 2/3 c. miell për të gjitha përdorimet
- 1/2 t. pluhur për pjekje
- 1/4 t. kripë
- 1/2 c. arra të copëtuara

- Bashkoni sheqerin, gjalpin, kakaon dhe kokrrat e kafesë në një tenxhere. Gatuani dhe përzieni në zjarr mesatar derisa gjalpi të shkrihet. Hiqeni nga nxehtësia; ftohet për 5 minuta. Shtoni vezët dhe vaniljen; përzieni derisa të kombinohen.
- Përzieni miellin, pluhurin për pjekje dhe kripën; palosni arra. Përhapeni brumin në një tavë të lyer me yndyrë 9"x9". E pjekim ne 350 grade per 25 minuta, ose derisa te piqet.
- Ftoheni në tigan mbi një raft teli. Përhapeni Mocha Frosting mbi brownies të ftohur; feta në shufra. Bën një duzinë.

b) **Bionde me fara chia me gjalpë pekan**

PËRBËRËSIT
- 2 1/4 filxhan Apekan, të pjekur
- 1/2 filxhan fara Chia
- 1/4 filxhan Gjalpë, i shkrirë
- 1/4 filxhan Eritritol, pluhur
- lugë gjelle. SF Torani i kripur

Karamel
a) pika Stevia e lëngshme
b) Vezë të mëdha
c) 1 lugë. Pluhur pjekje
d) 3 lugë gjelle. Krem i rëndë
e) 1 majë kripë

DREJTIMET
- Ngrohni furrën në 350F. Matni 2 1/4 filxhan pecans
- Grini 1/2 filxhan fara të plota chia në një mulli erëzash derisa të formohet një vakt.
- Hiqeni miellin chia dhe vendoseni në një tas. Më pas, bluajeni 1/4 filxhan Eritritol në një mulli erëzash derisa të bëhet pluhur. Vendoseni në të njëjtin enë me vaktin Chia.
- Vendosni 2/3 e pekanëve të pjekur në procesorin e ushqimit.
- Përpunoni arrat, duke gërvishtur anët poshtë sipas nevojës, derisa të formohet gjalpi i butë i arrave.
- Shtoni 3 vezë të mëdha, 10 pika stevia të lëngshme, 3 lugë gjelle. SF Sherbeti Torani me karamel të kripur dhe pak kripë në përzierjen e chias. Përziejini mirë këtë së bashku.
- Shtoni gjalpin e pekanit në brumë dhe përzieni përsëri.
- Duke përdorur një oklla, copëtoni pjesën tjetër të pekanëve të pjekur në copa brenda një qeseje plastike.

- Shtoni pecans të grimcuar dhe 1/4 filxhan gjalpë të shkrirë në brumë.
- Përzieni brumin mirë dhe më pas shtoni 3 lugë gjelle. Krem i rëndë dhe 1 lugë. Pluhur pjekje. Përziejini gjithçka mirë.
- Lyejeni brumin në një tabaka 9×9 dhe lëreni.
- Piqni për 20 minuta ose deri në konsistencën e dëshiruar.
- Lëreni të ftohet për rreth 10 minuta. Pritini skajet e brownie për të krijuar një katror të njëtrajtshëm. Kjo është ajo që unë e quaj "trajtimi i furrtarëve" - po, e keni marrë me mend!
- Ushqehuni me ata djem të këqij ndërsa i bëni gati për t'i shërbyer të gjithëve. E ashtuquajtura "pjesa më e mirë" e brownie janë skajet, dhe kjo është arsyeja pse ju meritoni t'i keni të gjitha.
- Shërbejeni dhe hani në përmbajtjen e zemrës (ose më mirë makro)!

c) Brownies Apple

a) 1/2 c. gjalpë, i zbutur
b) 1 c. sheqer
c) 1 t. ekstrakt vanilje
d) 1 vezë e rrahur
e) 1-1/2 c. miell për të gjitha përdorimet
f) 1/2 t. sode buke

- Ngrohni furrën në 350 gradë F (175 gradë C). Lyejmë një enë pjekjeje 9x9 inç.
- Në një tas të madh, rrihni së bashku gjalpin e shkrirë, sheqerin dhe vezën derisa të bëhen me gëzof. Palosni mollët dhe arrat. Në një tas të veçantë, sitini së bashku miellin, kripën, pluhurin për pjekje, sodën e bukës dhe kanellën.
- Përzieni përzierjen e miellit në përzierjen e lagësht derisa të përzihet. Përhapeni brumin në mënyrë të barabartë në enën e përgatitur për pjekje.
- Piqni për 35 minuta në furrën e nxehur më parë, ose derisa një kruese dhëmbësh e futur në qendër të dalë e pastër.

d) Brownies me leh mente

- 20-oz. pkg. përzierje fudge brownie
- 12-oz. pkg. patate të skuqura çokollatë të bardhë
- 2 t. margarinë
- 1-1/2 c. kallamishte karamele, të grimcuar

1. Përgatitni dhe piqni përzierjen e brownie-ve sipas udhëzimeve të paketimit, duke përdorur një tavë pjekjeje të lyer me yndyrë 13"x9". Pas pjekjes, ftohet plotësisht në tepsi.
2. Në një tenxhere në zjarr shumë të ulët shkrini cokollatat dhe margarinën duke i trazuar vazhdimisht me një shpatull gome. Përhapeni përzierjen mbi brownies; spërkateni me karamele të grimcuar.
3. Lëreni të qëndrojë për rreth 30 minuta përpara se ta prisni në katrorë. Bën 2 duzina.

e) **Shufra keto me gjalpë kikiriku**

PËRBËRËSIT

Korja
a) 1 filxhan miell bajame
b) 1/4 filxhan Gjalpë, i shkrirë
c) 1/2 lugë. kanellë
d) 1 lugë gjelle. Eritritol
e) Majë kripë

Fudge
a) 1/4 filxhani Krem i rëndë
b) 1/4 filxhan Gjalpë, i shkrirë
c) 1/2 filxhan gjalpë kikiriku
d) 1/4 filxhan eritritol
e) 1/2 lugë. Ekstrakt vanilje
f) 1/8 lugë. Çamçakëz Xanthan

Mbushjet
g) 1/3 filxhan çokollatë Lily's, e copëtuar

DREJTIMET

- Ngrohni furrën në 400°F. Shkrini 1/2 filxhan gjalpë. Gjysma do të jetë për koren dhe gjysma për fudge. Bashkoni miellin e bajameve dhe gjysmën e gjalpit të shkrirë.
- Shtoni eritritolin dhe kanellën dhe më pas përzieni së bashku. Nëse jeni duke përdorur gjalpë pa kripë, shtoni pak kripë për të nxjerrë më shumë shije.
- Përziejini derisa të jetë njëtrajtshëm dhe shtypeni në fund të një enë pjekjeje të veshur me letër furre. Piqni koren për 10 minuta ose derisa skajet të marrin ngjyrë kafe të artë. E nxjerrim dhe e leme te ftohet.
- Për mbushjen, kombinoni të gjithë përbërësit në një blender të vogël ose përpunues ushqimi dhe përzieni. Mund të përdorni edhe një mikser elektrik dore dhe tas.
- Sigurohuni që të gërvishtni anët dhe të kombinoni mirë të gjithë përbërësit.
- Pasi të jetë ftohur korja, shpërndajeni me butësi shtresën e fudges deri në anët e enës së pjekjes. Përdorni një shpatull për të barazuar pjesën e sipërme sa më mirë që mundeni.
- Pak para se të ftoheni, mbushni shufrat me pak çokollatë të copëtuar. Kjo mund të jetë në formën e copëzave të çokollatës pa sheqer, çokollatës së zezë pa sheqer ose thjesht çokollatës së zezë të mirë të vjetër. Kam përdorur çokollatën e Lily's Stevia Sweetened.
- Ftojeni brenda natës ose ngrini nëse dëshironi së shpejti.
- Kur të ftohet, hiqni shufrat duke nxjerrë letrën e pergamenës. Cu në 8-10 bare dhe shërbejeni! Këto bare me gjalpë kikiriku duhen shijuar të ftohta! Nëse i merrni për të shkuar, sigurohuni që t'i mbani në një qese drekë të izoluar për t'i mbajtur të forta.

f) Brownies me kungull i njomë i preferuar

h) 1/4 c. gjalpë, i shkrirë
i) 1 c. Brownies me gjalpë kikiriku
j) 1 vezë e rrahur
k) 1 t. ekstrakt vanilje
l) 1 c. miell për të gjitha përdorimet
m) 1 t. pluhur për pjekje
n) 1/2 t. sode buke
o) 1 T. ujë
p) 1/2 t. kripë
q) 2-1/2 T. kakao për pjekje
r) 1/2 c. arra të copëtuara
s) 3/4 c. kungull i njomë, i grirë
t) 1/2 c. patate të skuqura çokollatë gjysmë të ëmbla

- Në një tas të madh, përzieni së bashku të gjithë përbërësit përveç copave të çokollatës.
- Përhapeni brumin në një tavë të lyer me yndyrë 8"x8"; spërkatni brumin me copa çokollate.
- E pjekim ne 350 grade per 35 minuta. Ftoheni përpara se ta prisni në shufra. Bën një duzinë.

g) Brownies me çokollatë malt

- 12-oz. pkg. patate të skuqura çokollatë me qumësht
- 1/2 c. gjalpë, i zbutur
- 3/4 c. sheqer
- 1 t. ekstrakt vanilje
- 3 vezë të rrahura
- 1-3/4 c. miell për të gjitha përdorimet
- 1/2 c. qumësht pluhur i maltuar
- 1/2 t. kripë
- 1 c. topa qumështi të maltuar, të grirë trashë

1. Shkrini copëzat e çokollatës dhe gjalpin në një tenxhere në zjarr të ulët, duke i përzier shpesh. Hiqeni nga nxehtësia; lëreni të ftohet pak.
2. Përziejini përbërësit e mbetur përveç topthave të qumështit të maltuar sipas rendit të dhënë.
3. Përhapeni brumin në një tavë të lyer me yndyrë 13"x9". Spërkateni me topa qumështi të maltuar; piqni në 350 gradë për 30 deri në 35 minuta. I ftohtë. Pritini në shufra. Bën 2 duzina.

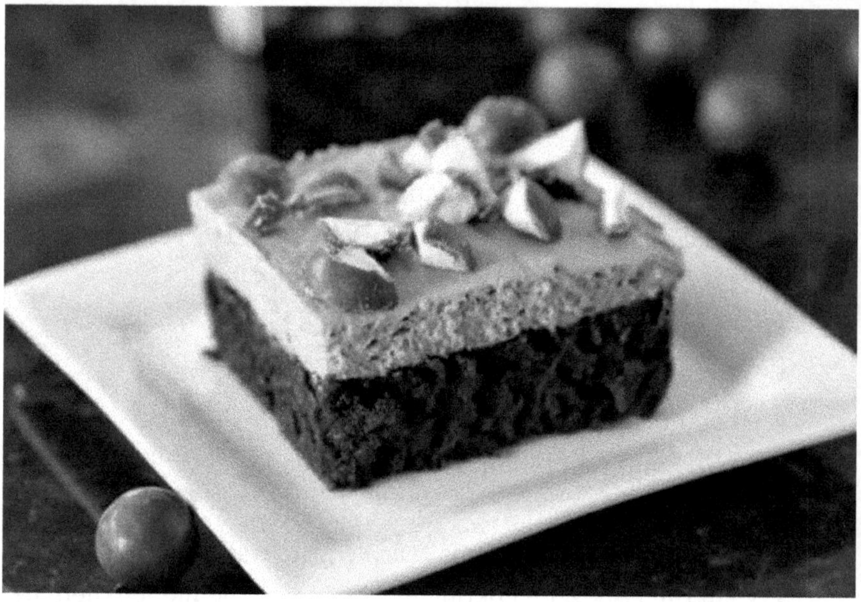

h) Brownies me çokollatë gjermane

- 14-oz. pkg. karamele, të pambështjella
- 1/3 c. qumësht i avulluar
- 18-1/4 oz. pkg. Përzierje gjermane për kek me çokollatë
- 1 c. arra të copëtuara
- 3/4 c. gjalpë, i shkrirë
- 1 deri në 2 c. patate të skuqura çokollatë gjysmë të ëmbla

1. Shkrini karamelat me qumështin e avulluar në një kazan të dyfishtë. Në një tas, kombinoni përzierjen e thatë të kekut, arrat dhe gjalpin; përzieni derisa masa të bashkohet. Shtypni gjysmën e brumit në një tavë të lyer me yndyrë dhe miell 13"x9".
2. E pjekim ne 350 grade per 6 minuta. Hiqeni nga furra; spërkateni me copa çokollatë dhe spërkatni me përzierje karamel. Lugë brumin e mbetur sipër.
3. Piqeni në 350 gradë për 15 deri në 18 minuta më gjatë. Ftohtë; prerë në shufra. Bën 1-1/2 duzinë.

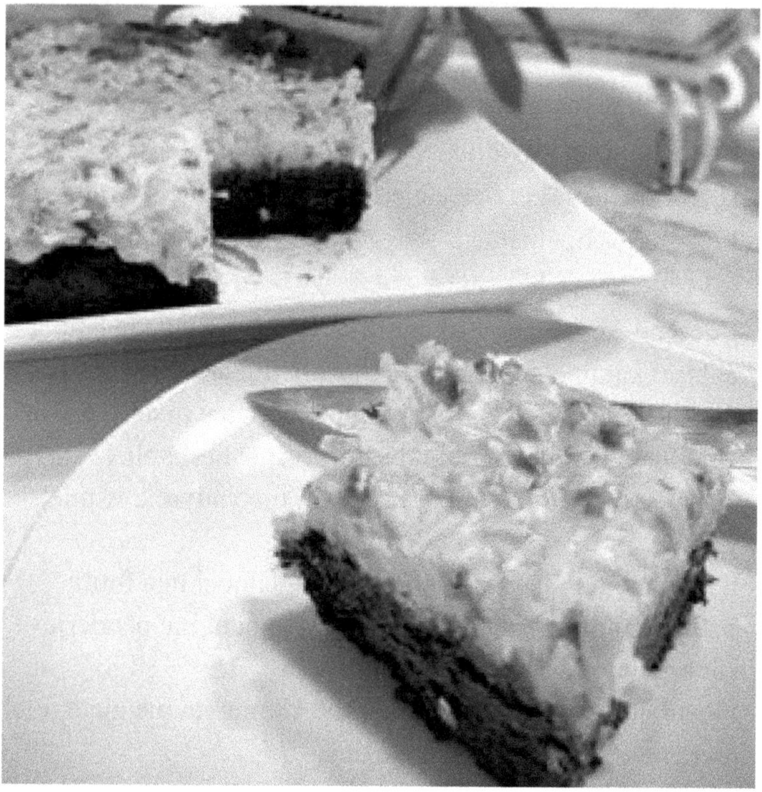

16. Matcha Jeshil Tea Fudge

Përbërësit:

- Gjalpë bajamesh të pjekura, 85 g
- Miell tërshërë, 60 g
- Qumësht bajame vanilje pa sheqer, 1 filxhan
- Pluhur proteinash, 168 g
- Çokollatë e zezë, 4 oz. i shkrirë
- Pluhur i çajit jeshil Matcha, 4 lugë çaji
- Ekstrakt Stevia, 1 lugë çaji
- Limon, 10 pika

Metoda:

1. Shkrini gjalpin në një tenxhere dhe shtoni miellin e tërshërës, pluhur çaji, pluhur proteinash, pika limoni dhe stevia. Përziejini mirë.
2. Tani derdhni qumështin dhe përzieni vazhdimisht derisa të bashkohet mirë.
3. Transferoni përzierjen në një tepsi dhe vendoseni në frigorifer derisa të vendoset.
4. Hidhni sipër çokollatën e shkrirë dhe vendoseni përsëri në frigorifer derisa çokollata të jetë e fortë.
5. Pritini në 5 shufra dhe shijojeni.

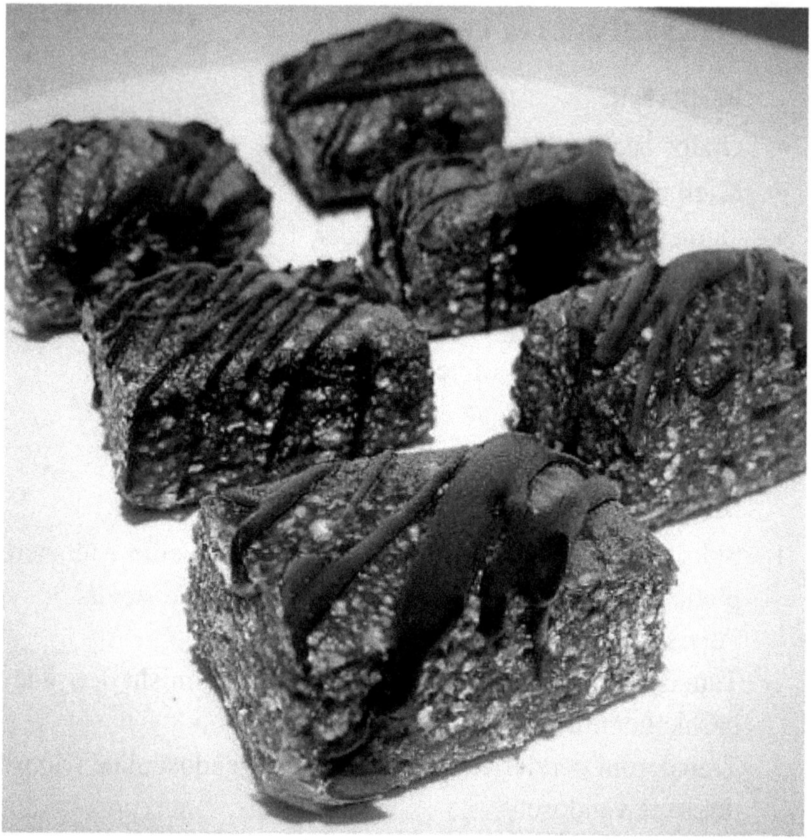

17. Brownies me kek me xhenxhefil

- 1-1/2 c. miell për të gjitha përdorimet
- 1 c. sheqer
- 1/2 t. sode buke
- 1/4 c. pjekje kakao
- 1 t. xhenxhefil i bluar
- 1 t. kanellë
- 1/2 t. karafil të bluar
- 1/4 c. gjalpë, i shkrirë dhe i ftohur pak
- 1/3 c. melasa
- 2 vezë, të rrahura
- Garniturë: sheqer pluhur

1. Në një tas të madh, bashkoni miellin, sheqerin, sodën e bukës, kakaon dhe erëzat. Në një tas të veçantë, kombinoni gjalpin, melasën dhe vezët. Shtoni përzierjen e gjalpit në përzierjen e miellit, duke e përzier derisa të kombinohet.
2. Përhapeni brumin në një tavë të lyer me yndyrë 13"x9". Piqni në 350 gradë për 20 minuta, ose derisa një kruese dhëmbësh të testohet e pastër kur futet në qendër.
3. Ftoheni në tigan mbi një raft teli. Spërkateni me sheqer pluhur. Pritini në katrorë. Bën 2 duzina.

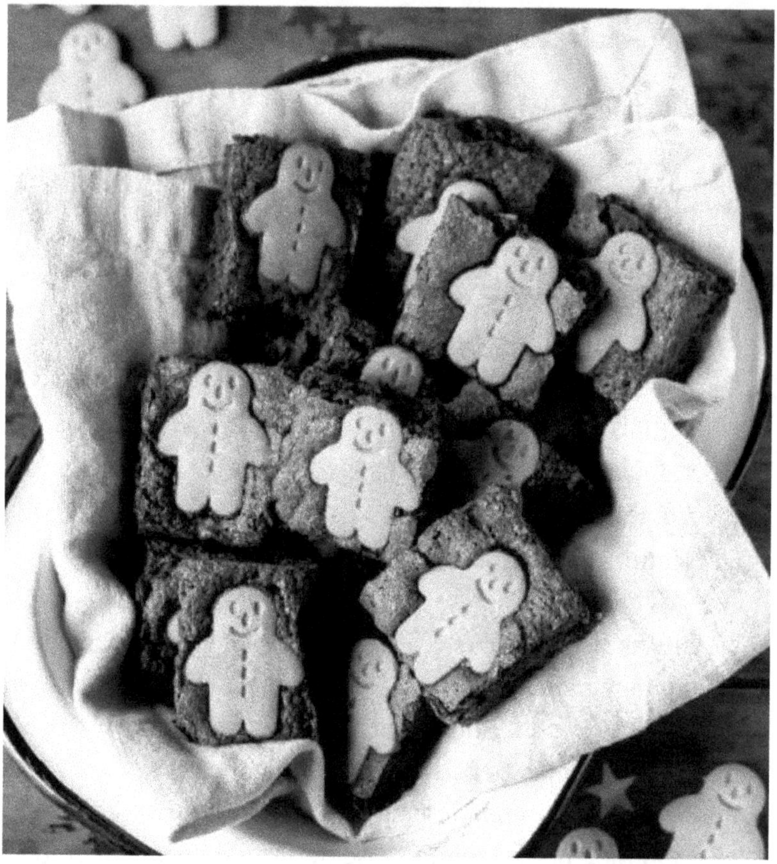

18. Çokollatë me mjaltë Brownies

Përbërësit:

- 1 filxhan gjalpë ose vaj të shkrirë
- ½ cup elted unsweetened chocolate or cocoa pluhur
- 4 vezë
- 1 pjekje mjalti
- 2 teaspoons vanilla
- 2 gota miell të bardhë të pazbardhur
- 2 teaspoons baking powder
- ½ teaspooon deti salt
- 1 cup rrush i thatë s
- 1 gotë arra të copëtuara
  Drejtimet:
- Ngrohni furrën në 350 gradë F.
- Rrihni së bashku gjalpin, çokollatën, sarob oor sosoa dhe mjaltin derisa të zbuten. Shtoni vezë dhe vanilje; përzihet mirë.
- Shtoni përbërësit e thatë, përzieni derisa të laget. Shtoni rrushin e thatë dhe arrat dhe përzieni tërësisht.
- Hidheni brumin në një tavë pjekjeje të lyer me yndyrë 9x13 inç. Piqni për 45 minuta ose derisa të përfundojë.
- Priteni në 24 përmasa të zakonshme (përafërsisht 2 ‖ x 2 ‖), çdo rrjep h as 2 t easpoo n s të prapanicës e r = e lartë d ose , o

r e 4 ‖ 2 int x 1 ‖) = m e dozë mesatare.

19. Brownies mente

Përbërësit:

- 1 sup gjalpë
- 6 ons çokollatë pa sheqer
- 2 cups sugar
- 1 lugë çaji pluhur për pjekje
- 1½ lugë çaji vanilje
- ½ lugë çaji kripë
- 1½ cups flou r
- 1 filxhan arra ose arra, të grira imët
- 1 1/2 ons qese Hershey's çokollatë me nenexhik chips
- 4 vezë

Drejtimet:

- Ngrohni furrën.
- Në një tenxhere mesatare, shkrihet gjalpi dhe çokollata e pa ëmbëlsuar mbi nxehtësinë e ulët, duke i përzier vazhdimisht. Hiqeni nga nxehtësia dhe lëreni të ftohet.
- Lyejeni tavën 9×13 inç dhe lëreni mënjanë. Përzieni sheqerin në përzierjen e ëmbëlsirës së ftohur në tenxhere. Rrihni vezët, dhe shtoni ngadalë në përzierjen e çokollatës. Përziejeni vaniljen.
- Në një tas, përzieni miellin, sodën e bukës dhe kripën.
- Shtoni përzierjen e miellit në përzierjen e ëmbëlsirës derisa të bashkohet. Përzieni arra dhe patate të skuqura me nenexhik. Lyejeni brumin në tavën e paraparë.
- Piqni për 30 minuta. Ftoheni në raft teli para ruajtjes.

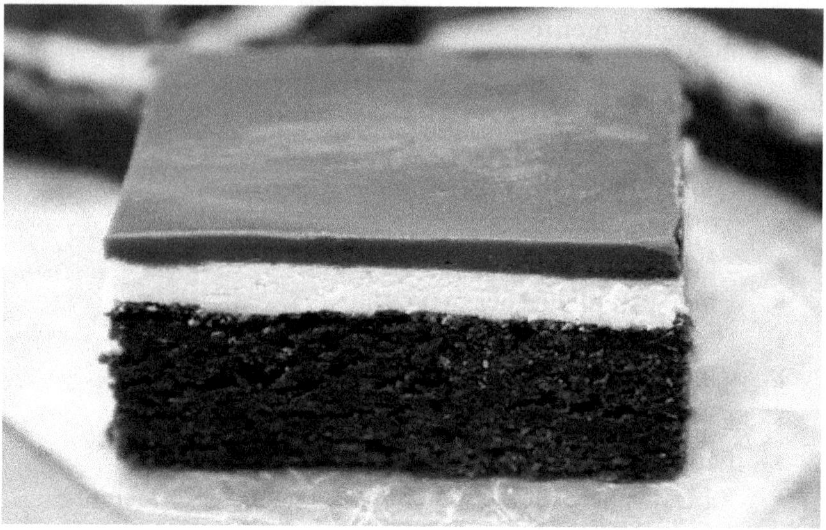

20. Pecan Brownies

Përbërësit:
a) 1 filxhan gjalpë
b) 2/3 çokollatë
c) 1 lugë çaji ekstrakt vanilje
d) Zez portokalli (ortional)
e) 5 e bardha veze
f) 4 vezë e verdhë s
g) 3/4 filxhan sheqer
h) 1/3 sur miell
i) 1 lugë gjelle cocoa powder
j) 1/2 filxhan arra pekan të grira

Drejtimet:
- Ngrohni furrën në 220 gradë F.
- Përdorni një kazan të dyfishtë duke vendosur një tas mbi një tenxhere me ujë mbi nxehtësinë mesatare të lartë.
- Shtoni kuzhinën tuaj, gjalpin, ekstraktin e vaniljes dhe lëngun e portokallit në tasin empty dhe përziejeni për ta përfshirë.
- Hiqeni enën nga zjarri dhe lëreni mënjanë. (Nuk do të keni më nevojë për ngrohje nga kjo enë.)
- Vendosni të bardhët e vezës në një tas të veçantë.
- Rrihni të bardhat e vezëve derisa të formoni reaksione të bardha të forta, duke përdorur një mikser elektrik ose një kamxhik; lënë mënjanë.
- Shtoni vezët tuaja në një enë tjetër dhe shtoni sheqer. Përzieni deri në insorrate.
- Shtoni përzierjen tuaj të pllakës në përzierjen e vezëve me vezë dhe ngadalë futini të dyja duke përdorur një shpatull.
- Pasi të jetë futur, hidhni miellin tuaj, përzieni dhe shtoni arrat tuaja resan.
- Tani shtoni të bardhat tuaja të bardha të vezëve me gëzof në përzierje, dhe përzieni gjithçka së bashku duke përdorur një spatula. Rreshtoni një tavë pjekjeje me një pjesë të pjekjes dhe shtoni përzierjen tuaj të përfunduar në të.
- Tani piqni për 60 minuta, dhe kafet tuaja do të jenë gati.

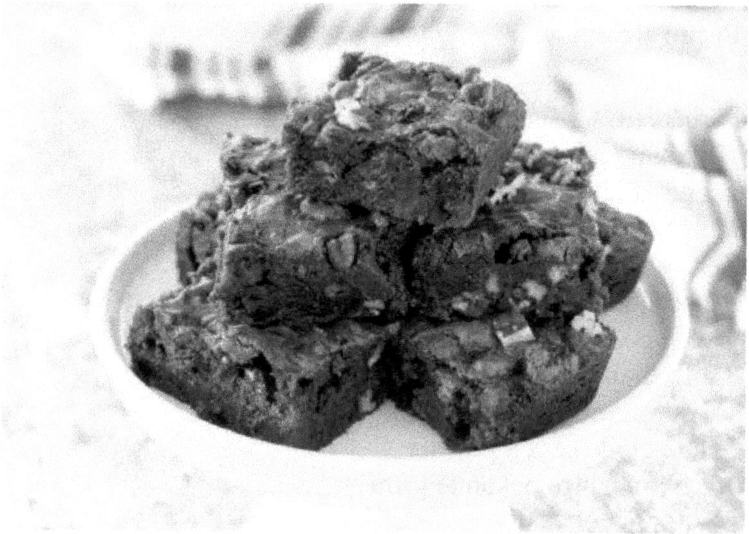

21. Brownies mente me salcë kafeje

PËRBËRËSIT

Brownies

a) 1 filxhan (230 g) gjalpë pa kripë
b) 2 ons çokollatë gjysmë e ëmbël, e prerë në mënyrë të trashë
c) 1 dhe 1/2 filxhan (300 g) sheqer të grimcuar
d) 1/2 filxhan (100 g) sheqer të paketuar ngjyrë kafe
e) 2 vezë të mëdha, në temperaturë ambienti
f) 2 lugë çaji ekstrakt të pastër vanilje
g) 1/2 lugë çaji kripë
h) 1/2 filxhan + 3 lugë gjelle (85 g) miell për të gjitha përdorimet (lugë dhe niveluar)
i) 1/4 filxhan (21 g) pluhur kakao natyral pa sheqer

Shtresa e ngrirjes së nenexhikut

- 1/2 filxhan (115 g) gjalpë pa kripë, i zbutur në temperaturën e dhomës
- 2 gota (240 g) sheqer ëmbëlsirash
- 2 lugë gjelle (30 ml) qumësht
- 1 dhe 1/4 lugë çaji ekstrakt menteje*
- opsionale: 1 pikë lëng ose xhel ngjyrues ushqimor jeshil

Shtresë me çokollatë

- 1/2 filxhan (115 g) gjalpë pa kripë
- 1 filxhan grumbullues (rreth 200 g) patate të skuqura çokollate gjysmë të ëmbla

Salcë e kripur e kafesë

1. 7 TBSP. gjalpë
2. 9 TBSP. gjalpë pa kripë
3. 1 filxhan krem të rëndë
4. 1 filxhan sheqer kafe të errët, të paketuar fort
5. ½ lugë. kripë

Udhëzimet

Për brownies:

1. Shkrini gjalpin dhe çokollatën e grirë në një tenxhere mesatare në zjarr mesatar, duke i përzier vazhdimisht, rreth 5 minuta. Ose shkrijeni në një tas mesatarisht të sigurt për mikrovalë me hapa 20 sekondash, duke e trazuar pas secilit, në mikrovalë. Hiqeni nga zjarri, hidheni në një tas të madh përzierjeje dhe lëreni të ftohet pak për 10 minuta.
2. Rregulloni raftin e furrës në pozicionin e tretë të poshtëm dhe ngroheni furrën në 350°F (177°C). Rreshtoni pjesën e poshtme dhe anët e një tave pjekjeje 9×13* me letër alumini ose letër pergamene, duke lënë një mbingarkesë nga të gjitha anët. Lini mënjanë.
3. Rrihni sheqernat e grimcuara dhe kafe në përzierjen e ftohur të çokollatës/gjalpit. Shtoni vezët, një nga një, duke i përzier derisa të jenë të lëmuara pas çdo shtimi. Rrihni vaniljen. Hidhni butësisht kripën, miellin dhe pluhurin e kakaos. Derdhni brumin në tavën e përgatitur dhe piqeni për 35-36 minuta ose derisa brownies të fillojnë të tërhiqen nga skajet e tavës.
4. Pasi të jetë ftohur plotësisht, hiqni letrën nga tigani duke përdorur mbingarkimin në anët. Vendoseni të gjithë në një fletë pjekjeje ndërsa bëni kremin. Mos e prisni ende në katrorë.

Për shtresën e ngrirjes së nenexhikut:

- Në një tas mesatar, duke përdorur një mikser dore ose të pajisur me një shtojcë lopatash, rrihni gjalpin me shpejtësi mesatare derisa të bëhet i butë dhe kremoz, rreth 2 minuta. Shtoni sheqerin dhe qumështin e ëmbëlsirave. Rrihni për 2 minuta me shpejtësi të ulët, më pas rriteni në shpejtësi të lartë dhe rrihni për 1 minutë shtesë. Shtoni ekstraktin e mentes dhe ngjyrosjen ushqimore (nëse përdorni) dhe rrihni në të lartë për 1 minutë të plotë. Shijoni dhe shtoni një ose dy ekstrakte të tjera mente nëse dëshironi.

- Brownies të ftohur nga ngrica që keni vendosur në fletën e pjekjes dhe vendoseni fletën e pjekjes në frigorifer. Kjo lejon që kremi të "vendoset" mbi brownies, gjë që e bën të lehtë përhapjen e shtresës së çokollatës. Mbajeni në frigorifer për të paktën 1 orë dhe deri në 4 orë.

  Për shtresën e çokollatës:

a) Shkrini gjalpin dhe copëzat e çokollatës në një tenxhere mesatare në zjarr mesatar, duke i përzier vazhdimisht, rreth 5 minuta. Ose shkrijeni në një tas mesatarisht të sigurt për mikrovalë me hapa 20 sekondash, duke e trazuar pas secilit, në mikrovalë. Pasi të shkrihet dhe të jetë e lëmuar, hidheni mbi shtresën e nenexhikut.

b) Përhapeni butësisht me një thikë ose shpatull offset. Vendosini brownies që janë ende në fletën e pjekjes, në frigorifer dhe ftohuni për 1 orë (dhe deri në 4 orë ose edhe gjatë gjithë natës) për të vendosur çokollatën.

c) Pasi të jetë ftohur, hiqeni nga frigoriferi dhe priteni në katrorë. Për prerje të rregullt, bëni prerje shumë të shpejta, duke përdorur një thikë të madhe shumë të mprehtë dhe fshijeni thikën me një peshqir letre midis çdo prerjeje. Brownies janë në rregull në temperaturën e dhomës për disa orë. Mbulojeni fort dhe mbajini mbetjet në frigorifer deri në 5 ditë.

   Për salcën e kafesë:

- Në një tenxhere të mesme mbi nxehtësinë mesatare-të ulët, kombinoni gjalpin, gjalpin e pakripur, ajkën e trashë, sheqerin kafe të errët dhe kripën. Lëreni të ziejë, duke e përzier shpesh.
- Vazhdoni të zieni për 10 minuta derisa salca të fillojë të zvogëlohet dhe të trashet. Hiqeni nga zjarri. Lëreni salcën të ftohet pak përpara se ta shërbeni.

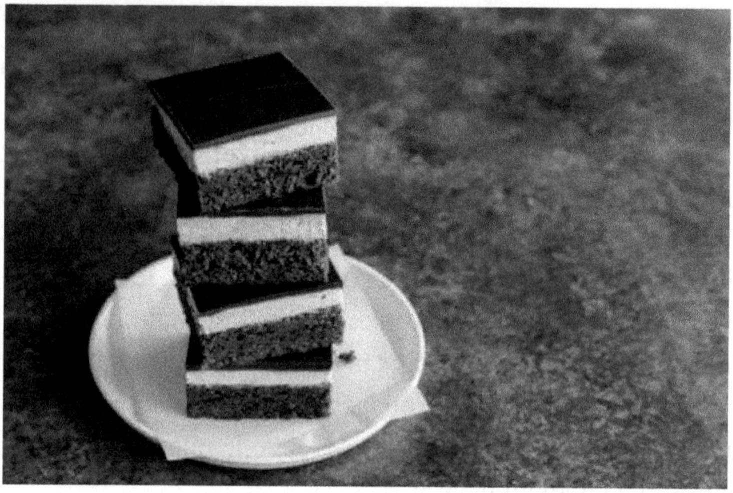

22. Brownies me çokollatë dhe arrëmyshk

Përbërësit:

1. 1/4 paund gjalpë
2. 1/4 e rrumbullakët shkollë e errët
3. 1 filxhan sheqer të bardhë
4. 4 vezë të rregullta
5. 1/2 sur miell i thjeshtë
6. Arrëmyshk
7. kanellë
8. 2 tablespoons of vanila

Drejtimet

- Ngrohni furrën tuaj në 350 gradë F.
- Shkrijeni gjalpin në zjarr të ulët, më pas shtoni çokollatën (në kubikë është më e përshtatshme) dhe shkrijeni atë me gjalpin e shkrirë tashmë; trazojeni rregullisht që të bëhet gjalpë i shijshëm!
- Sapo çokollata të jetë shkrirë plotësisht, shtoni kanellën, arrëmyshk dhe sheqerin e bardhë; trazojeni dhe ziejini për disa minuta.
- Shtoni vezët një nga një, duke i rrahur në mënyrë që të prishet e verdha. Vazhdoni të përzieni përzierjen në nxehtësi të ulët derisa të jetë plotësisht e qetë.
- Shtoni miellin dhe kanabisin e bluar imët në përzierje. Nëse ju pëlqejnë arrat, atëherë mund të shtoni një kurë nga arrat tuaja të preferuara nëse dëshironi. E trazojmë mirë; nëse është e vështirë të përzihet, atëherë shtoni pak qumësht.
- Hidheni përzierjen tuaj në një tepsi të lyer me yndyrë 9x13 inç, nëse nuk keni një të tillë, atëherë një më e vogël është në rregull – thjesht do të thotë një ngjyrë kafe më e trashë dhe pak më e ulët.
- përdoret pak më shumë .
- Sapo të duket dhe të ndihet si një brownie gjigante, priteni në rreth 20 s . Nuk ka rëndësi se sa katrorë, sigurisht.

- Dozimi: Prisni një orë dhe shikoni se si ndiheni. Pastaj hani më shumë sa kërkohet! Këto kafe janë të shijshme dhe është e vështirë t'i rezistosh konsumimit të tyre, por nuk dëshiron të hash shumë e më pas të bardha!

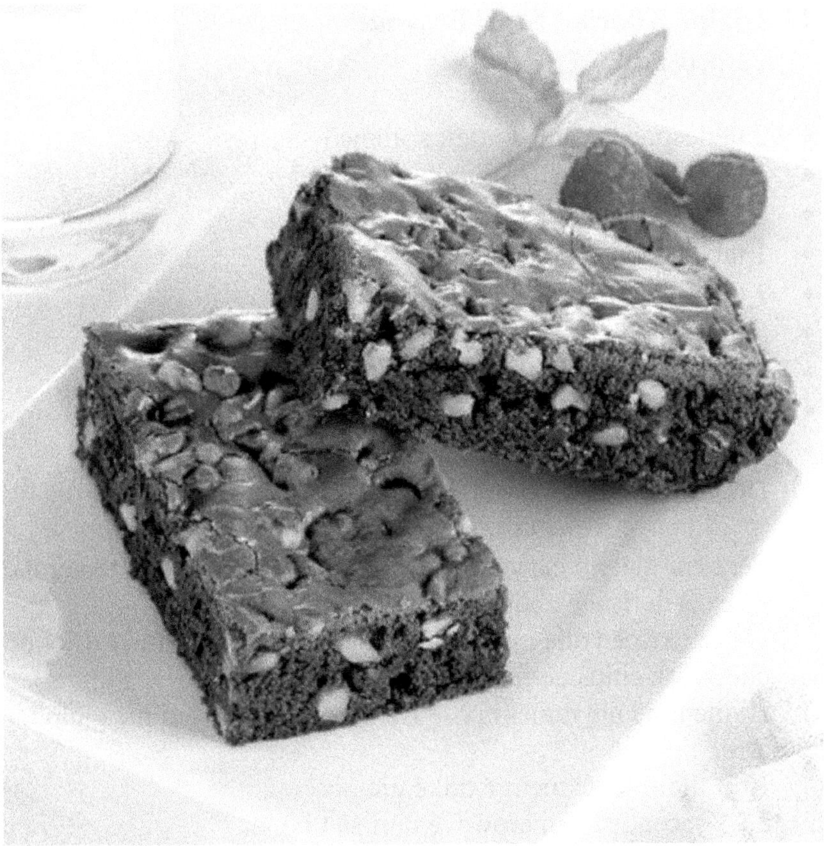

23. Gjalpë Kikiriku Swirl Brownie
Përbërësit:

- 2 tablespoons cannabutter, softened
- 2 tavolina sheqer
- 1 1/2 lugë sheqer kaf
- 1 tablespoon cocoa powder
- 1 e verdhë veze
- 3 luge miell
- Një pjesë e kripës
- Spërkatje vanilje
- 1 tryeza gjalpë kikiriku creamy

Drejtimet:

1. Përzieni gjalpin, sheqerin, sheqerin kaf, vanilën dhe të verdhën e vezës derisa të zbuten.
2. Hidhni kripën dhe miellin derisa të kombinohen mirë. Llokoçis chocolate chips në fund.
3. Hidheni në një ramekin ose filxhan, më pas lyeni me gjalpë arre.
4. Rrotulloni lehtë me një thikë gjalpi.
5. 5,75 seconds në microwave deri sa t bone.

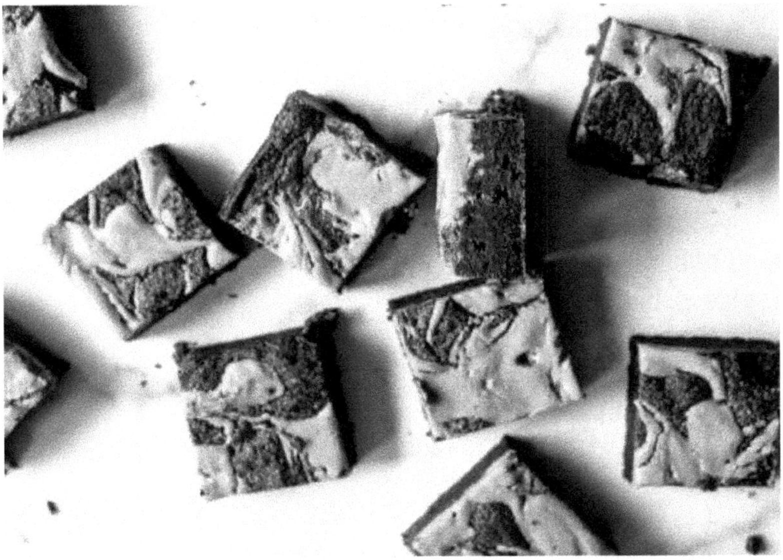

24. Kungull Brownies

Përbërësit:
1. 2/3 cup packed bown sugar
2. 1/2 kungull i konservuar
3. 1 vezë e plotë
4. 2 te bardha veze
5. 1/4 e sheqerit me gjalpë
6. 1 filxhan miell all-purpose
7. 1 teaspooon pjekje powder
8. 1 lugë çaji pluhur kakao pa sheqer
9. 1/2 lugë çaji kanellë të bluar
10. 1/2 lugë çaji të bluar gjithësesi
11. 1/4 teaspoon salt
12. 1/4 e kafesë arrëmyshk i bluar g
13. 1/3 cokollatë miniaturë gjysmë e ëmbël

Drejtimet:

- Ngrohni furrën në 350 gradë F.
- Në një tas të madh përzierjeje, përzieni sheqerin kaf, kungullin, vezën e plotë, të bardhat e vezëve dhe vajin.
- Rrihni me një mikser elektrik në masë mesatare derisa të përzihet.
- Shtoni miellin, pjekjen, pluhurin me sosoa, kanellën, specin, kripën dhe arrëmyshkun
- Rrihni në të ulët deri në pak kohë. Llokoçis semisweet chocolate pieces.
- Spërkatni një tepsi pjekjeje 11×7 inç me shtresë jo ngjitëse.
- Derdhni batter në pan. Përhapeni në mënyrë të barabartë.
- Piqni 15 deri në 20 minuta ose derisa të futet një thikë afër sensorit të dalë e pastër.

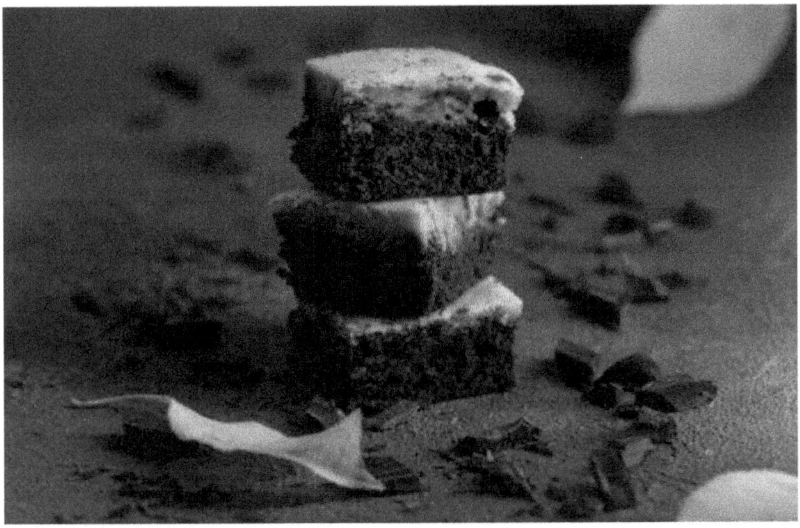

Lëvore, gjevrek dhe nugatina

25. Lëvorja e Budës me mente

Përbërësit:

1. 12 oce çokollatë e bardhë
2. 6 ounces gjysmë të ëmbël chocolate
3. 4 tavolina vaji i arrës
4. ½ lugë çaji ekstrakt menteje
5. 3 karamele (të shtypura)

Drejtimet

- Rreshtoni një tavë pjekjeje 9×9 inç me pak pergamenë ose letër alumini, duke u siguruar që ta mbështillni fletën mbi anët e pllakës dhe të hiqni çdo rrudhë siç shkoni. Ky hap do të sigurojë një pastrim të shpejtë dhe gjithashtu do të lejojë që lëvorja e mentes të hiqet lehtësisht kur të vijë koha për ta ndarë atë në pjesë individuale.
- Shkrini së bashku chocolate chips gjysëm të ëmbël dhe the whit chocolate chips. Për ta bërë këtë, krijoni një kazan të dyfishtë duke përdorur një tas me ngrohje dhe një kazan të mbushur me ujë. Zgjidhni një tas që përshtatet mirë mbi pjesën e poshtme të tenxheres (Mos përdorni një tas që qëndron në mënyrë të pasigurt mbi pjesën e poshtme të tiganit). Ju gjithashtu dëshironi të siguroheni që pjesa e poshtme e tasit të mos prekë ujin ose rrezikoni të digjni kuzhinën.
- Për më tepër, ky recetë përdor 3 shtresa çokollatë për lëvoren (e bardhë, gjysmë e ëmbël, e bardhë). Ndjehuni të lirë të ndërroni elementet e zgjedhjes dhe të ktheni mbrapsht shtresimin (gjysmë të ëmbël, të bardhë, gjysmë të ëmbël) nëse ju lutemi!
- Sillni ujin në tenxhere në një zierje, dhe vendoseni enën me nxehtësi që përmban çokollatën tuaj të bardhë chips over the sauce pan.
- Shkrini patate të skuqura të bardha deri sa të bëhen të lëmuara
- Shtoni 4 tavolina të vajit të sosonut të infuzionit të kanabisë dhe ½ lugë çaji ekstrakt menteje.
- Përziejini derisa të dy vajrat të jenë tretur plotësisht në çokollatën e bardhë. Përveç mjekimit të gjellës, vaji i arrës do

të krijojë gjithashtu një shkëlqim të këndshëm në lëvore dhe do ta lejojë atë të ketë një "të shpejtë " të mirë kur të jetë mbret . p unë është .

- Pasi të jetë themeluar e bardha, chocolate është përsëri e zbutur, gjysma e saj hidhet në panin e përgatitur. Anoni rrafshnaltën pasi të kaloni në gjysmën e shtresës së bardhë të shkrirë për të siguruar një shtresë të barabartë/shtresë të parë.
- Vendoseni ranën në frigorifer dhe lëreni shtresën e parë të veshjes të ngurtësohet plotësisht, afërsisht 30 minuta ose më shumë.
- Ndërsa shtresa juaj e parë e lëvores është duke u vendosur, përsëritni hapat e mësipërm në mënyrë që të bëni një bojler të dytë të dyfishtë për çokollatën tuaj gjysmë të ëmbël.
- Sapo copëzat tuaja të çokollatës gjysmë të ëmbël janë shkrirë plotësisht, hiqeni tasin nga kaldaja e dyfishtë.
- Merrni tiganin që përmban shtresën e parë të pllakës së bardhë nga frigoriferi dhe niseni të hidhni të gjithë tasin me patate të skuqura çokollatë gjysmë të ëmbla mbi të. Është jashtëzakonisht e rëndësishme që
shtresa fillestare e shtresës së bardhë të jetë mjaft e ngurtësuar, pasi futja e shtresës së dytë do t'i bëjë ata të përzihen nëse kjo nuk është kështu.
- Përhapeni shtresën e dytë të patate të skuqura semisweet chocolate evenly në të gjithë panin duke përdorur një thikë spatula ose baker's.
- Vendoseni pllakën përsëri në frigorifer ndërsa prisni që shtresa e dytë e çokollatës të qëndrojë, përsëri përafërsisht 30 minuta ose më shumë.
- Kur shtresa e dytë e veshjes është vendosur, shtoni shtresën e tretë dhe të fundit të shtresës së bardhë në pjesën e sipërme të shtresës gjysëm të ëmbël. Përhapeni këtë shtresë të tretë në mënyrë të barabartë me një shpatull.
- Vendosni karamele në një qese Ziploc dhe shkoni për t'i shtypur ato në copa të vogla duke përdorur pjesën e pasme të një luge ose një gjilpërë.
- Spërkatni kallamishtet e grimcuara mbi shtresën e tretë dhe të fundit të shtresës së bardhë që mbulon të gjithë sipërfaqen, dhe

më pas vendoseni pjesën e pasme në frigorifer derisa lëvorja të zbardhet 30 minuta.
- Kur të jeni gati për të ngrënë, hiqni lëvoren nga frigoriferi dhe tërhiqeni lart në anët e fletës së aluminit – lëvorja duhet të ngrihet menjëherë jashtë ranës!
- Thyejeni lëvoren në pjesë individuale dhe ose paketojini për t'i bërë dhuratë, ose ua shërbeni mysafirëve tuaj menjëherë!

26. Lëvorja e çokollatës me pecanë të ëmbëlsuar

Përbërësit:
a) 2 TBSP. gjalpë
b) 1 filxhan gjysma të pekanit
c) 2 TBSP. sheqer kafe të lehtë ose të errët, të paketuar fort
d) 2 gota patate të skuqura çokollatë të zezë
e) 2 TBSP. xhenxhefil i kristalizuar

Drejtimet
a) Në një tenxhere të vogël mbi nxehtësi të ulët, ngrohni gjalpin për 2 deri në 3 minuta ose derisa të shkrihet plotësisht. Shtoni gjysmat e pekanit dhe përziejeni për 3 deri në 5 minuta derisa të ketë aromë dhe aromë. Përziejini me sheqer kafe të hapur, duke e përzier vazhdimisht, për rreth 1 minutë ose derisa pekanët të jenë veshur në mënyrë të barabartë dhe të kenë filluar të karamelizohen. Hiqeni nga zjarri.
b) Shtroni pekanët e karamelizuar në letër pergamene dhe lërini të ftohen. Prisni përafërsisht pekanët dhe lërini mënjanë.
c) Në një kazan të dyfishtë mbi nxehtësinë mesatare, përzieni copat e çokollatës së zezë për 5 deri në 7 minuta ose derisa të shkrihen plotësisht.
d) Në një tepsi të veshur me letër furre, shtroni çokollatën e shkrirë.
e) Sipër spërkatni në mënyrë të barabartë pekanët e karamelizuar dhe xhenxhefilin e kristalizuar. Lëreni mënjanë për 1 deri në 2 orë ose derisa çokollata të ketë qëndruar. Pritini ose thyeni lëvoren në 6 pjesë të barabarta.
f) Ruajtja: Mbajeni të mbuluar në një enë hermetike në frigorifer deri në 6 javë ose në frigorifer deri në 6 muaj.

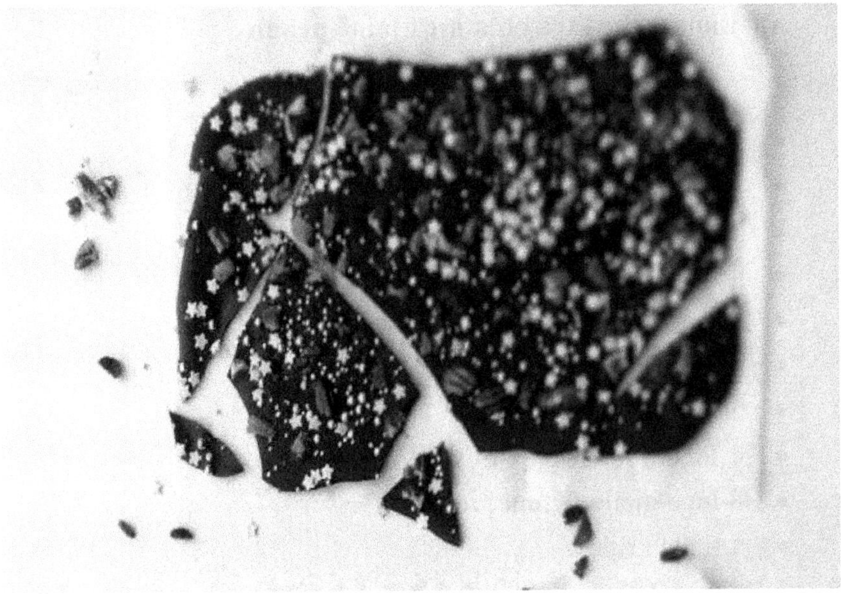

a) Bionde me fara chia me gjalpë pekan

PËRBËRËSIT

- 2 1/4 filxhan Apekan, të pjekur
- 1/2 filxhan fara Chia
- 1/4 filxhan Gjalpë, i shkrirë
- 1/4 filxhan Eritritol, pluhur
- 3 lugë gjelle. SF Torani karamel i kripur
- pika Stevia e lëngshme
- 3 vezë të mëdha
- 1 lugë. Pluhur pjekje
- 3 lugë gjelle. Krem i rëndë
- 1 majë kripë

DREJTIMET

a) Ngrohni furrën në 350F. Matni 2 1/4 filxhan pekan dhe piqini për rreth 10 minuta. Pasi të keni nuhatur një aromë arra, hiqni arrat
b) Grini 1/2 filxhan fara të plota chia në një mulli erëzash derisa të formohet një vakt.
c) Hiqeni miellin chia dhe vendoseni në një tas. Më pas, bluajeni 1/4 filxhan Eritritol në një mulli erëzash derisa të bëhet pluhur. Vendoseni në të njëjtin enë me vaktin Chia.
d) Vendosni 2/3 e pekanëve të pjekur në procesorin e ushqimit.
e) Përpunoni arrat, duke gërvishtur anët poshtë sipas nevojës, derisa të formohet gjalpi i butë i arrave.
f) Shtoni 3 vezë të mëdha, 10 pika stevia të lëngshme, 3 lugë gjelle. SF Sherbeti Torani me karamel të kripur dhe pak kripë në përzierjen e chias. Përziejini mirë këtë së bashku.
g) Shtoni gjalpin e pekanit në brumë dhe përzieni përsëri.
h) Duke përdorur një oklla, copëtoni pjesën tjetër të pekanëve të pjekur në copa brenda një qeseje plastike.

i) Shtoni pecans të grimcuar dhe 1/4 filxhan gjalpë të shkrirë në brumë.
j) Përzieni brumin mirë dhe më pas shtoni 3 lugë gjelle. Krem i rëndë dhe 1 lugë. Pluhur pjekje. Përziejini gjithçka mirë.
k) Lyejeni brumin në një tabaka 9×9 dhe lëreni.
l) Piqni për 20 minuta ose deri në konsistencën e dëshiruar.
m) Lëreni të ftohet për rreth 10 minuta. Pritini skajet e brownie për të krijuar një katror të njëtrajtshëm. Kjo është ajo që unë e quaj "trajtimi i furrtarëve" - po, e keni marrë me mend!
n) Ushqehuni me ata djem të këqij ndërsa i bëni gati për t'i shërbyer të gjithëve. E ashtuquajtura "pjesa më e mirë" e brownie janë skajet, dhe kjo është arsyeja pse ju meritoni t'i keni të gjitha.
o) Shërbejeni dhe hani në përmbajtjen e zemrës (ose më mirë makro)!

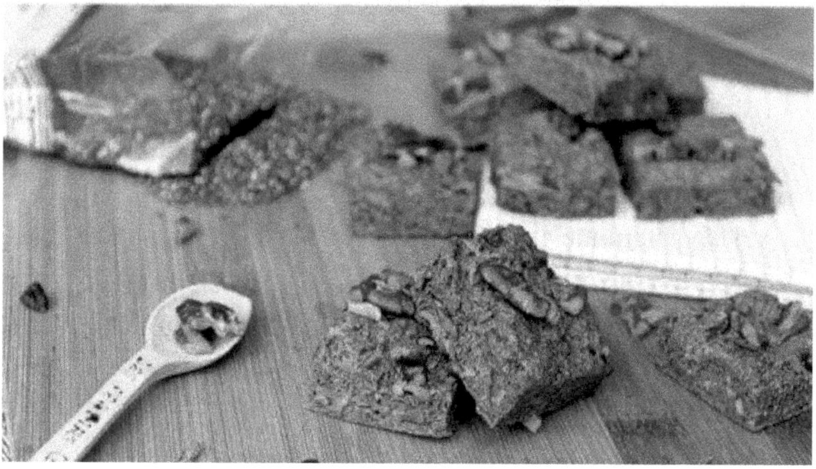

28. Mango e tharë e zhytur në çokollatë

Përbërësit:
a) 1 filxhan patate të skuqura çokollatë të zezë
b) 2 TBSP. vaj kokosi
c) 12 copa të mëdha mango të thata pa sheqer
d) 6 TBSP. kokos i grirë (opsionale)

Drejtimet
- Rreshtoni një fletë pjekjeje me letër furre dhe lëreni mënjanë. Në një kazan të dyfishtë mbi nxehtësinë mesatare, kombinoni copëzat e çokollatës së zezë dhe vajin e kokosit.
- Përziejini për 5 deri në 7 minuta ose derisa çokollata të shkrihet plotësisht dhe të kombinohet plotësisht me vaj kokosi. Hiqeni nga zjarri.
- Me një pirun ose me duar, zhytni secilën pjesë të mangos në çokollatë të shkrirë dhe lëreni çdo tepricë të pikojë përsëri në tas. Vendosni copa mango të zhytura në fletën e përgatitur të pjekjes.
- Spërkatni kokosin e grirë (nëse përdorni) mbi copa mango të zhytura. Lëreni në frigorifer për 30 minuta ose derisa çokollata të zihet.
- Ruajtja: Mbajeni të mbuluar në një enë hermetike në frigorifer deri në 6 javë ose në frigorifer deri në 6 muaj.

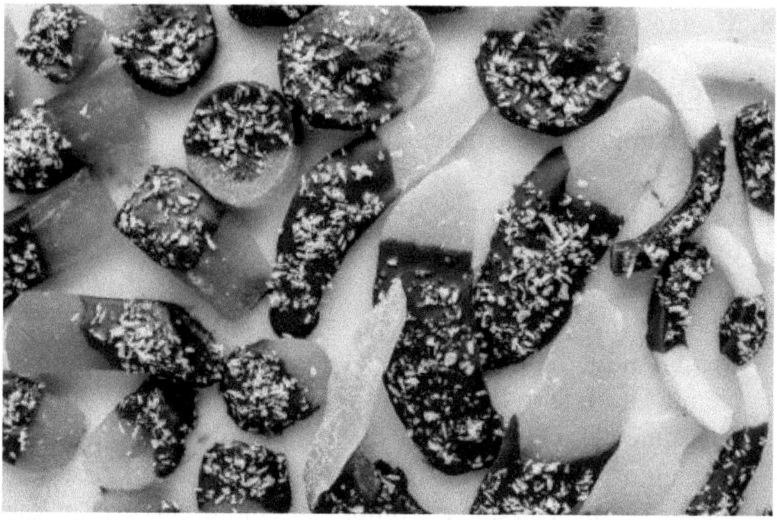

29. Shufra gjevrek me çokollatë të bardhë

Përbërësit:
- ¼ filxhani copa kafeje
- 1 filxhan çokollatë e bardhë shkrihet
- 2 TBSP. gjalpë
- 6 shufra gjevrek

Drejtimet

- Rreshtoni një fletë pjekjeje me letër furre dhe lëreni mënjanë. Hidhni copat e kafesë në një pjatë të cekët pranë fletës së pjekjes.
- Në një kazan të dyfishtë mbi nxehtësinë mesatare, bashkoni shkrirjen e çokollatës së bardhë dhe gjalpin, duke i përzier herë pas here, për 5 deri në 7 minuta derisa çokollata e bardhë të shkrihet plotësisht.
- Zhytni ¾ e secilës shufër gjevrek në çokollatë të bardhë të shkrirë, duke lejuar që çokollata e tepërt të pikojë përsëri në tenxhere.
- Rrotulloni çdo shufër gjevrek në copa kafshe dhe vendoseni në tepsi të përgatitur. Lëreni të qëndrojë për të paktën 30 minuta.

- Ruajtja: Mbajeni në një enë hermetike në frigorifer deri në 1 muaj.

30. Nougatine e zhytur në çokollatë

Përbërësit:
a) ¾ filxhan sheqer të grimcuar
b) ⅓ filxhan shurup misri i lehtë
c) ¼ filxhan fëstëkë të copëtuar
d) ¾ filxhan bajame të prera në feta
e) 2 TBSP. gjalpë
f) 1 filxhan patate të skuqura çokollatë të zezë

Drejtimet

a) Rreshtoni një fletë pjekjeje me letër furre dhe lëreni mënjanë. Në një tenxhere mesatare mbi nxehtësinë mesatare, përzieni sheqerin dhe shurupin e misrit të lehtë për 5 deri në 7 minuta derisa masa të shkrihet dhe të fillojë të karamelizohet.
b) Përzieni fëstëkët, bajamet dhe gjalpin dhe përziejini për 2 deri në 3 minuta për të thekur lehtë bajamet. (Mos zieni.)
c) Transferoni përzierjen e nugatinës në fletën e përgatitur të pjekjes dhe sipër me një fletë shtesë letre pergamene. Përhapeni në mënyrë të barabartë me një gjilpërë deri në një trashësi prej rreth ½ inç (1,25 cm). Pritini në 12 pjesë.
d) Në një kazan të dyfishtë mbi nxehtësinë mesatare, ngrohni copat e çokollatës së zezë për 5 deri në 7 minuta ose derisa të shkrihen.
e) Zhytni copat e nugatinës në çokollatën e shkrirë, duke mbuluar vetëm gjysmën e nugatinës dhe kthejeni në tepsi të veshur me pergamenë. Lëreni çokollatën të qëndrojë për të paktën 1 orë.
f) Ruajtja: Mbajeni në një enë hermetike deri në 1 javë.

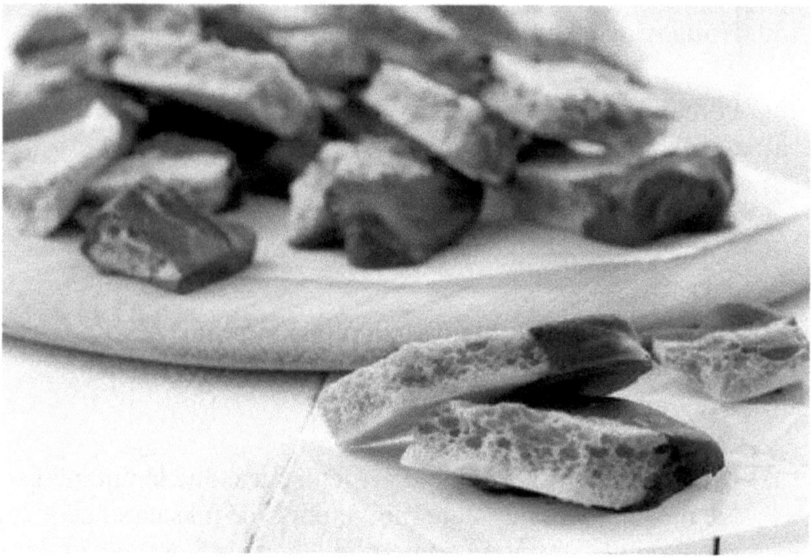

ËSERTI TRUFFES & TOPA

31. Topa me gjalpë kikiriku

Artikujt e nevojshëm:

- Tas për përzierje
- Kaldaja e dyfishtë
- Tabaka
- Dylli pjesë
- Toothpicks

Përbërësit:

- 1 1/2 filxhan gjalpë arre
- 1 sup canna butter (e ngurtësuar)
- 4 cups confectioners' suga r
- 1 1/3 cups Graham cracker srumbs
- 2 gota semisweet chocolate chips
- 1 tavolinë shkurtim

Drejtimet:

a) Vendosni gjalpin e kikirikut dhe gjalpin e konservës në një tas të madh përzierjeje. Përziejeni ngadalë me sheqerin e konfeksionerëve duke u siguruar që të mos bëhet më. Shtoni thërrimet e Graham cracker dhe përziejini derisa consistency të bëhet aq e fortë sa të shpërndahet në topa.
b) Bëni topa me diametër një inç.
c) Shkrini çokollatën dhe shkurtojeni në një kazan me dy funde. Shponi një kruese dhëmbësh në çdo top dhe më pas zhytni ato një nga një në përzierjen e çokollatës.
d) Vendosni kupat e mbështjellë me dylli, në një tabaka. Vendoseni në frigorifer për rreth 30 minuta derisa topat të jenë të gjithë të fortë.

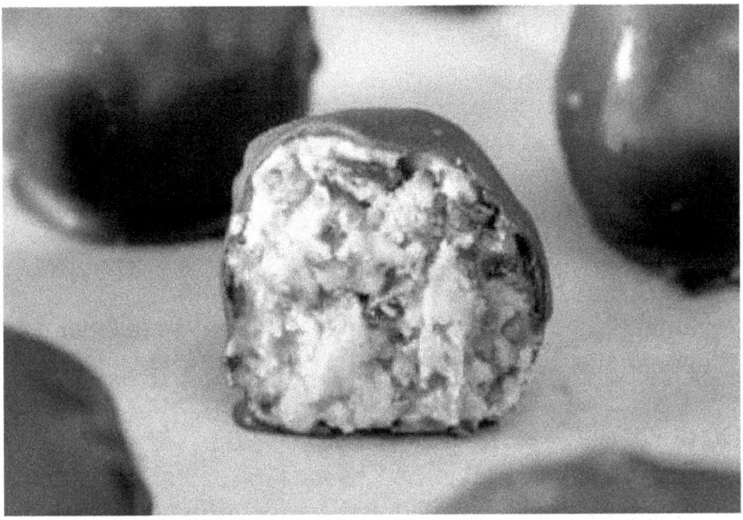

32. Tartufi Ancho chile

Përbërësit:
a) ⅔ filxhan krem të rëndë
b) 5 TBSP. gjalpë
c) 3 lugë. pluhur ancho chile
d) 2 lugë. kanellë të bluar
e) Dash kripë
f) ½ paund (225 g) çokollatë e ëmbël e hidhur, e copëtuar
g) 1 lugë. pluhur kakao

Drejtimet
1. Rreshtoni një tavë pjekjeje 9×13 inç (23×33 cm) me letër furre dhe lëreni mënjanë. Në një tenxhere të mesme mbi nxehtësinë mesatare-të ulët, kombinoni kremin e trashë, 3 lugë gjelle gjalpë, 2 lugë çaji pluhur ancho chile, kanellën dhe kripën. Lëreni përzierjen të vlojë, mbulojeni dhe hiqeni nga zjarri. Lëreni të qëndrojë për 2 orë.
2. E kthejmë tenxherën në temperaturë mesatare-të ulët. Pasi të ziejë, hiqeni nga zjarri dhe shtoni çokollatën e hidhur dhe 2 lugët e mbetura gjalpë. Përziejini për 2 deri në 3 minuta ose derisa çokollata të shkrihet dhe përzierja të jetë e qetë. Hidheni në tavën e përgatitur dhe vendoseni në frigorifer për 4 orë.
3. Duke përdorur një lugë dhe duart tuaja, formoni përzierjen në 16 topa 1 inç (2,5 cm). Vendosni topa në një tepsi të pastër të veshur me letër furre dhe vendosini në frigorifer për 30 minuta.
4. Në një tas të vogël, kombinoni 1 lugë çaji të mbetur ancho chile pluhur dhe pluhur kakao. Rrokullisni topat në pluhur dhe vendosini përsëri në letër pergamene.
5. Ruajtja: Shijojeni të njëjtën ditë në temperaturën e dhomës ose mbajeni në një enë hermetike në frigorifer deri në 1 javë.

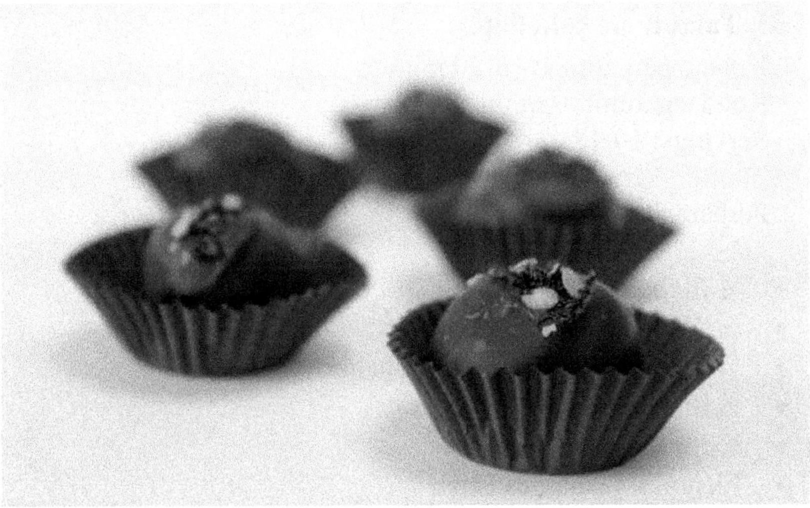

33. Tartufi me çokollatë

Koha e përgatitjes: 15-20 minuta
Koha e gatimit: 0 minuta
Servings: 10-12

Përbërësit:

- ½ filxhan gjalpë i zbutur
- ½ filxhan sheqer pluhur
- ¼ filxhan pluhur kakao pa sheqer
- ½ filxhan miell bajame
- Kripë majë e madhe
- Ekstrakti i bajames Dash
- Ekstrakt vanilje Dash
- 24 bajame të plota, të thekura në gjalpë dhe kripë
- 1 filxhan kokos të grirë pa sheqer

Drejtimet:

- Rreshtoni një fletë pjekjeje me letër pergamene. Në një tas, vendosni të gjithë përbërësit e përgatitur përveç bajameve të plota dhe kokosit dhe përzieni butësisht derisa masa të jetë mjaft e lëmuar.
- Rrotulloni lugë çaji të përzierjes midis pëllëmbëve tuaja në topa. (Punoni shpejt, pasi gjalpi zbutet shumë shpejt. Vendoseni në frigorifer për disa minuta nëse përzierja bëhet shumë e butë.)
- Nëse përdorni bajamet e thekura, fusni një në qendër të secilit dhe rrotullojeni përsëri shpejt për të lëmuar gjërat.
- Vendosni kokosin në një tas dhe rrotulloni topat në kokos derisa të mbulohen. Vendoseni në tepsi dhe vendoseni në frigorifer që të forcohet. Ruani munchies në një enë qelqi në

frigorifer.

34. Qershi të mbuluara me çokollatë

Koha e përgatitjes: 1 orë e gjysmë.
Koha e gatimit: 5 minuta
Serbimet: 12

Përbërësit:

- 24 qershi me kërcell (hiqni gropat ose përdorni të thata)
- 1 filxhan çokollatë me qumësht
- 1 filxhan patate të skuqura çokollatë të zezë
- ¼ filxhan vaj kokosi

Drejtimet:

a) Në një tas të sigurt për mikrovalë, ngrohni copëzat e çokollatës së zezë, copëzat e çokollatës me qumësht dhe vajin e kokosit.
b) Ngroheni përzierjen për 20 sekonda dhe përzieni me radhë derisa të shkrihet përfundimisht.
c) Sigurohuni që çokollata të mos jetë shumë e nxehtë. Vishnjat i mbulojmë me çokollatë dhe e lëmë të pikojë çokollatën e tepërt. Vendosini qershitë në një letër të veshur me dylli.
d) Pasi të jenë gati të gjitha qershitë i vendosim në frigorifer për 1 orë

e) Nëse dëshironi, lyeni dyfish qershitë (transferojini sërish në frigorifer) Shijoni!

35. Fudge napolitane

PËRBËRËSIT

a) ½ filxhan gjalpë i zbutur
b) 1/2 filxhan vaj kokosi
c) 1/2 filxhan salcë kosi
d) 1/2 filxhan krem djathi
e) 2 lugë gjelle. Eritritol
f) 25 pika Stevia e lëngshme
g) 2 lugë gjelle. Pluhur kakao
h) 1 lugë. Ekstrakt vanilje
i) 2 luleshtrydhe mesatare

DREJTIMET

9. Në një tas, kombinoni gjalpin, vajin e kokosit, kosin, kremin e djathit, eritritolin dhe stevinë e lëngshme.
10. Duke përdorur një blender zhytjeje, përzieni së bashku përbërësit në një përzierje të lëmuar.
11. Përzierjen e ndajmë në 3 enë të ndryshme. Shtoni pluhur kakao në një tas, luleshtrydhet në një tas tjetër dhe vaniljen në tasin e fundit.
12. Përziejini së bashku të gjithë përbërësit përsëri duke përdorur një blender. Ndani përzierjen e çokollatës në një enë me një hundëz.
13. Hidheni përzierjen e çokollatës në mykun e bombës me yndyrë. Vendoseni në frigorifer për 30 minuta, më pas përsërisni me përzierjen e vaniljes.
14. Ngrijeni përzierjen e vaniljes për 30 minuta, dhe më pas përsërisni procedurën me përzierjen e luleshtrydheve. Ngrijeni sërish për të paktën 1 orë.
15. Pasi të jenë ngrirë plotësisht, hiqini nga kallëpet e bombës me yndyrë.

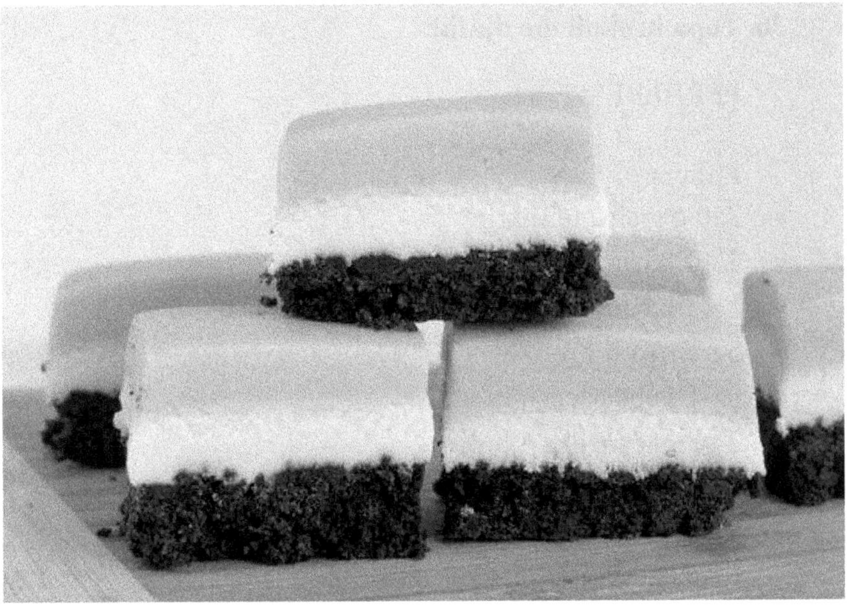

36. Topa brokoli me djathë

PËRBËRËSIT

Fritters
- 250 g gjalpë të shkrirë
- 3/4 filxhan miell bajamesh
- 1/4 filxhan + 3 lugë gjelle. Vakt i farave të lirit
- oz. Brokoli i freskët
- oz. Djathë Mocarela
- 2 vezë të mëdha
- 2 lugë. Pluhur pjekje
- Kripë dhe piper për shije

DREJTIMET
- Shtoni brokolin në një përpunues ushqimi dhe pulsoni derisa brokoli të ndahet në copa të vogla. Ju dëshironi që ajo të përpunohet mirë.
- Përzieni së bashku djathin, miellin e bajameve, gjalpin, miellin e farave të lirit dhe pluhurin për pjekje me brokolin. Nëse dëshironi të shtoni ndonjë erëza shtesë (kripë dhe piper), bëjeni në këtë pikë.
- Shtoni 2 vezët dhe përziejini mirë derisa gjithçka të përfshihet.
- Rrotulloni brumin në toptha dhe më pas lyejeni me miell farash liri.
- Vazhdoni ta bëni këtë me të gjithë brumin dhe lëreni mënjanë në peshqir letre.
- Ngrohni tiganin tuaj me yndyrë të thellë në 375F. Unë përdor këtë tigan me yndyrë të thellë. Pasi të jetë gati, vendosni brokolin dhe petët e djathit brenda koshit, duke mos e mbipopulluar.
- Skuqini skuqjet deri në kafe të artë, rreth 3-5 minuta. Pasi të keni mbaruar, vendoseni në peshqir letre për të kulluar yndyrën e tepërt dhe aromatizoni sipas shijes tuaj.

- Mos ngurroni të bëni një kopër të shijshme dhe majonezë limoni për një zhytje. Kënaquni

37. Qershi të zhytura në chosolate

Përbërësit:
- 1 cup dark chocolate chips
- 1 gotë çokollatë qumështi
- ¼ filxhan vaj kokosi
- 24 cherries me kërcell (të larë dhe të tharë; nëse përdorni sherri të freskëta, mbani mend të hiqni gropën!)

Drejtimet:
- Ngrohni qumësht chocolate chips, erk chocolate chips dhe vaj koson në një tas microwave safe. Hiqeni dhe përzieni çdo 20 sekonda derisa të shkrihet. Chocolate soud be be are ngoht por jo e nxeht.
- Dip thatë cherries nga kërcejtë në shocolate, one në një te the, duke lejuar shocolate tepërt të tharur prapa në tas.
- Vendoseni cherries on në një pjatë dylli me rreshtim më të madh për t'u tharë. Përsëriteni derisa të gjitha sheshet të jenë zier. Ruaj extra chocolate on the side
- Ftojini qershitë në frigorifer për 1 orë.
- Ngrohni përsëri lëngun e çokollatës dhe hiqni qershitë nga frigoriferi.
- Lyejeni secilën qershi në salcën shosolate për të dytën herë. Kthejini qershitë në frigorifer për t'u ftohur për 1 orë para se t'i shërbeni.

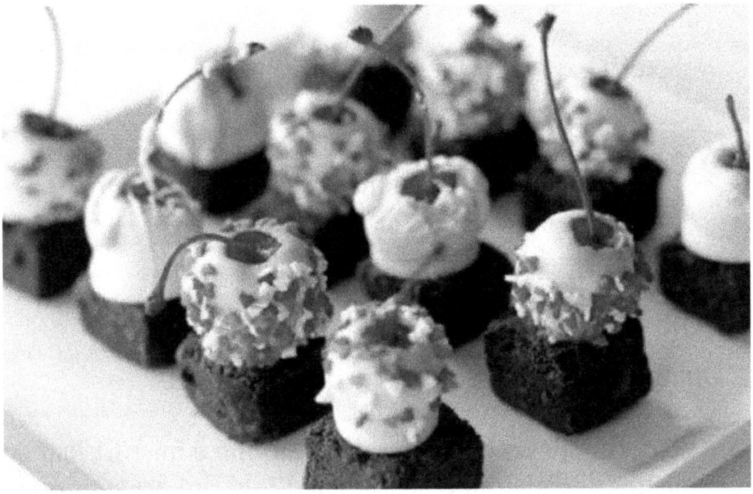

38. Patties nenexhik

Përbërësit:

- ½ filxhan shurup misri të lehtë
- 2 lugë çaji ekstrakt menteje
- ½ filxhan gjalpë të zbutur
- 2 pika ngjyrues ushqimor (opsionale)
- 9 gota sheqer pluhur të situr (rreth 2 paund)

Drejtimet:

a) Përdorni një tas për të përzier shurupin e misrit, ekstraktin e mentes dhe gjalpin e pjekur pak të shkrirë ose margarinën. Më pas shtoni pak nga pak sheqerin dhe e futni në përzierje. Shtoni sasinë e ngjyrosjes së ushqimit për të arritur ngjyrën e dëshiruar dhe përzieni mirë.
b) Rrotulloni këtë përzierje në topa të vegjël. Vendosini ato disa centimetra larg njëri-tjetrit në një fletë pjekjeje të veshur me letër dylli. Përdorni një pirun për ta bërë secilën prej tyre të sheshtë.
c) Lërini petat e mentes të vendosen në frigorifer për disa orë. Hiqini petat nga frigoriferi dhe lërini të qëndrojnë në temperaturën e dhomës për disa ditë që të thahen.

d) Pas disa ditësh, kur petat të jenë tharë, i kalojmë në një enë me kapak hermetik dhe i ruajmë në frigorifer.

39. Topa të kokosit marshmallow

Përbërësit:

- 2 ons gjalpë
- 2 lugë kakao
- 3 tabela qumësht i kondensuar
- 2 ons sheqer kaf
- 1/8 ons hash i bluar imët ose kanabis me cilësi të lartë
- 6 ons me arrë të tharë
- 5 ounces e vogël marshmallow e bardhë

Drejtimet:

a) Pasi të keni shkrirë gjalpin në një tigan, përzieni me lëngun tuaj, qumështin, sheqerin dhe hashin. Vazhdoni të nxeheni, duke e trazuar në occasion, derisa përmbajtja të shkrihet së bashku. Jini shumë të kujdesshëm që të mos e zieni.
b) Hiqeni nga nxehtësia dhe shtoni pjesën më të madhe të arrës, duke kursyer mjaftueshëm për një lyerje përfundimtare. Tani ndajeni përzierjen tuaj në 15 toptha me përmasa të ngjashme dhe më pas rrafshojini aq sa të mbështjellen rreth një marshmale.
c) Pasi të keni vendosur një marshmallow, hidhni secilën prej tyre në kokosin tuaj të mbetur derisa të jetë aplikuar një lyerje e madhe.
d) Ne ju rekomandojmë të hani vetëm 1-2 për person, përkundër shijes së tyre.

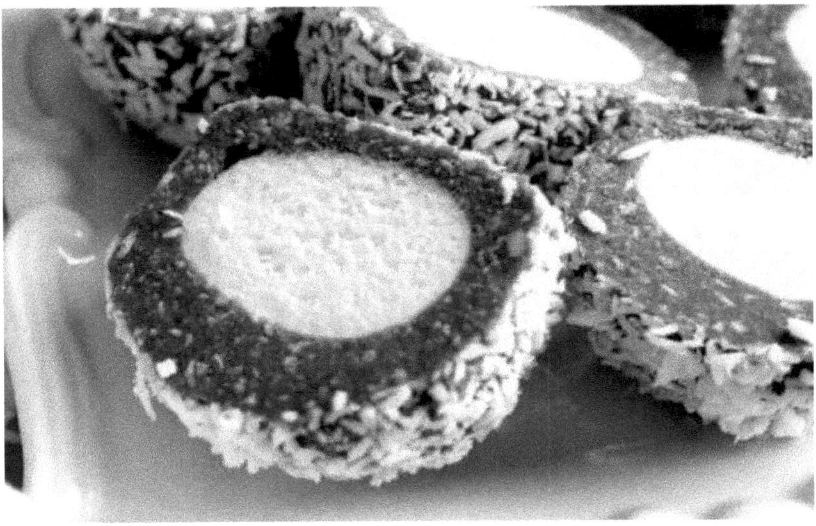

40. Topa me gjalpë kikiriku

Rendimenti: 15 Topa Goo

Përbërësit:

a) 250 g gjalpë të shkrirë
b) 225 g oats
c) 250 g gjalpë kikiriku
d) 3 lugë mjaltë
e) 2 lugë kanellë të grirë n
f) 2 lugë gjelle kakao

Drejtimet:

a) Vendosni të gjithë përbërësit në një tas të madh dhe përzieni derisa të përzihet gjithçka.
b) Vendoseni përzierjen në frigorifer dhe lëreni për 10-20 minuta.
c) Formojeni përzierjen në topa individuale, në madhësinë e preferencës suaj. Pas kësaj, hidheni mbi disa dylli për t'u vendosur.
d) Disa njerëz preferojnë të shtojnë përbërës të tjerë të tillë si arra të grira, rrush të thatë, Rise Krispies ose Flake Sorn, thjesht për të eksperimentuar.
e) Mund të shtoni më shumë tërshërë nëse rezultati përfundimtar ju duket paksa ngjitës dhe i shkëlqyeshëm, ose shtoni më shumë mjaltë ose gjalpë kikiriku nëse rezulton se është shumë i thatë. Gjithçka ka të bëjë me të qenit krijues dhe duke shtuar kontaktin tuaj në këtë delisacy.
f) Pasi të jetë bërë kjo, tani jeni gati për të shërbyer këtë pjatë të shijshme, e cila mund të hahet për ëmbëlsirë, një rostiçeri ose thjesht në çdo kohë të ditës që zgjidhni të hani një ushqim të ngrënshëm.
g) Kënaquni!

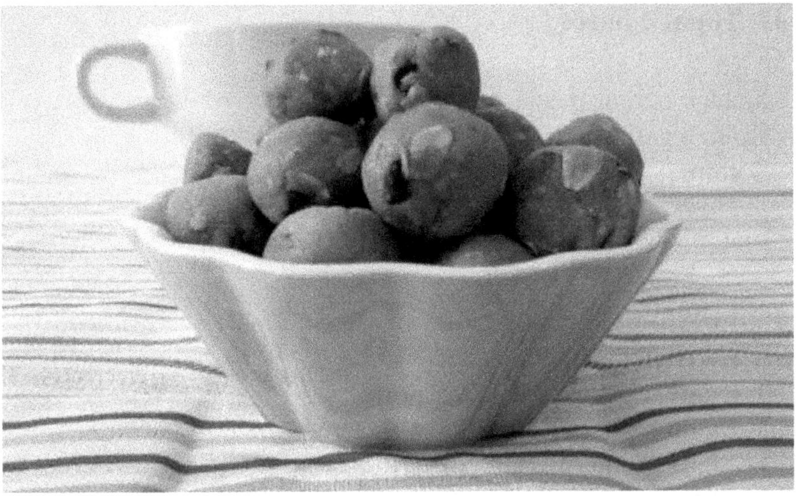

41. Topat e borës

Koha e përgatitjes: 1 orë e gjysmë.
Koha e gatimit: 20-25 minuta
Serbimet: 12

Përbërësit:

8. 1 filxhan gjalpë, i zbutur
9. 1/4 filxhan sheqer
10. 1 lugë. ekstrakt i pastër vanilje
11. 2 gota miell për të gjitha përdorimet
12. 2 lugë gjelle. niseshte misri
13. 1 filxhan bajame të pjekura pa kripë, të grira hollë
14. 1/4 lugë. kripë
15. 1 filxhan sheqer pluhur për tu lyer

Drejtimet:

- Duke përdorur një mikser ose një mikser dore, rrihni gjalpin me 1/4 filxhan sheqer derisa të bëhet krem. Shtoni ekstraktin e vaniljes. Rrihni butësisht miellin, niseshtenë e misrit, bajamet e pjekura dhe kripën derisa të bashkohen mirë. Mbështilleni me mbështjellës plastik dhe vendoseni në frigorifer për një orë. Ngroheni furrën në 325°. Nxirreni brumin e ftohur nga frigoriferi dhe merrni rreth një lugë gjelle. brumit, më pas formoni atë në një top 1 inç.
- Vendosni topat në tepsi rreth 1 inç larg njëri-tjetrit. Piqni biskotat në raftin e mesëm të furrës për 20 minuta, ose derisa të marrin ngjyrë të artë dhe të mpiksen. Mbushni një tas të cekët me 1 filxhan sheqer pluhur të situr. Ftoheni për rreth 5 minuta dhe kur të ftohen mjaftueshëm për t'i prekur, rrotulloni biskotat në sheqer pluhur dhe lërini mënjanë në raftin e veshur me pergamenë që të ftohen plotësisht. Kur të jetë ftohur, pudrosni përsëri në sheqer pluhur dhe ruajeni në një enë hermetike.

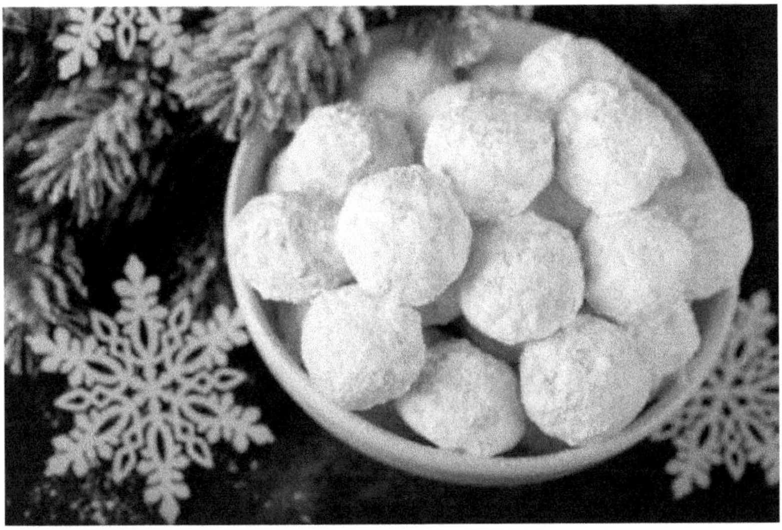

BOMBAT E SHUMËLIRËS SË NDRYSHME

- **Bombat yndyrore napolitane**

PËRBËRËSIT

- 1/2 filxhan Gjalpë
- 1/2 filxhan vaj kokosi
- 1/2 filxhan salcë kosi
- 1/2 filxhan krem djathi
- 2 lugë gjelle. Eritritol
- 25 pika Stevia e lëngshme
- 2 lugë gjelle. Pluhur kakao
- 1 lugë. Ekstrakt vanilje
- 2 luleshtrydhe mesatare

DREJTIMET

- Në një tas, kombinoni gjalpin, vajin e kokosit, kosin, kremin e djathit, eritritolin dhe stevinë e lëngshme.
- Duke përdorur një blender zhytjeje, përzieni së bashku përbërësit në një përzierje të lëmuar.
- Përzierjen e ndajmë në 3 enë të ndryshme. Shtoni pluhur kakao në një tas, luleshtrydhet në një tas tjetër dhe vaniljen në tasin e fundit.
- Përziejini së bashku të gjithë përbërësit përsëri duke përdorur një blender. Ndani përzierjen e çokollatës në një enë me një hundëz.
- Hidheni përzierjen e çokollatës në mykun e bombës me yndyrë. Vendoseni në frigorifer për 30 minuta, më pas përsërisni me përzierjen e vaniljes.
- Ngrijeni përzierjen e vaniljes për 30 minuta, më pas përsërisni procesin me përzierjen e luleshtrydheve. Ngrijeni sërish për të paktën 1 orë.
- Pasi të jenë ngrirë plotësisht, hiqini nga kallëpet e bombës me yndyrë.

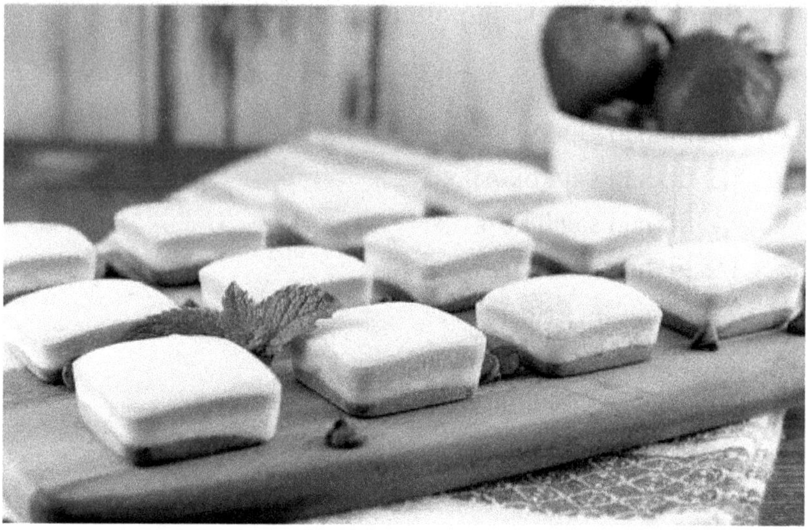

- **Lëndë yndyrore me panje dhe proshutë**

PËRBËRËSIT
1. 2 lugë gjelle gjalpë kokosi
2. Maple Bacon Cake Pops
3. 6 Oz. Burgers' Smokehouse Country Bacon
4. 5 vezë të mëdha, të ndara
5. 1/4 filxhan shurup panje
6. 1/2 lugë. Ekstrakt vanilje
7. 1/4 filxhan eritritol
8. 1/4 lugë. Stevia e lëngshme
9. 1 filxhan miell bajamesh Honeyville
10. 2 lugë gjelle. Pluhur Lëvozhgë Psyllium
11. 1 lugë. Pluhur pjekje
12. 1/2 lugë. Krem i Tartarit
13. Glazurë me karamel të kripur 5 lugë gjelle. Gjalpë
14. 5 lugë gjelle. Krem i rëndë
15. 2 1/2 lugë gjelle. Karamel i kripur pa sheqer Torani

DREJTIMET
1. Fetë 6 Oz. Burgers' Smokehouse Country proshutë në copa të vogla të madhësisë së kafshatës.
2. Ose ngrirja e proshutës për 30 minuta më parë, ose përdorimi i gërshërëve normalisht ndihmon në këtë proces.
3. Ngroheni një tigan në nxehtësi mesatare-të lartë dhe gatuajeni proshutën derisa të jetë e freskët.
4. Pasi të jetë e freskët, hiqni proshutën nga tigani dhe lëreni të thahet në peshqir letre. Ruani yndyrën e tepërt të proshutës për të skuqur perime ose mish të tjerë në të.
5. Ngrohni furrën në 325F. Në 2 enë të veçanta ndajmë të verdhat e vezëve nga të bardhat e 5 vezëve të mëdha.
6. Në enën me të verdhat e vezëve, shtoni 1/4 filxhan shurup panje, 1/4 filxhan eritritol, 1/4 lugë. stevia e lëngshme dhe 1/2 lugë. ekstrakt vanilje.

7. Përziejini me një mikser dore për rreth 2 minuta. Të verdhat e vezëve duhet të bëhen më të çelura.
8. Shtoni 1 filxhan miell bajame Honeyville, 2 lugë gjelle. Pluhur lëvore psyllium, 2 lugë gjelle. gjalpë kokosi dhe 1 lugë. pluhur për pjekje.
9. Përziejeni këtë përsëri derisa të formohet një brumë i trashë.
10. Lani rrahjet e mikserit të dorës në lavaman për t'u siguruar që të gjitha gjurmët e yndyrave të jenë larë nga kamxhikët.
11. Shtoni 1/2 lugë. krem tartari deri te të bardhat e vezëve.
12. Rrahim të bardhat e vezëve duke përdorur një mikser dore derisa të formohen maja të forta.
13. Shtoni 2/3 proshutë të grirë në brumin e tortës.
14. Shtoni rreth 1/3 e të bardhëve të vezëve në brumë dhe përzieni në mënyrë agresive.

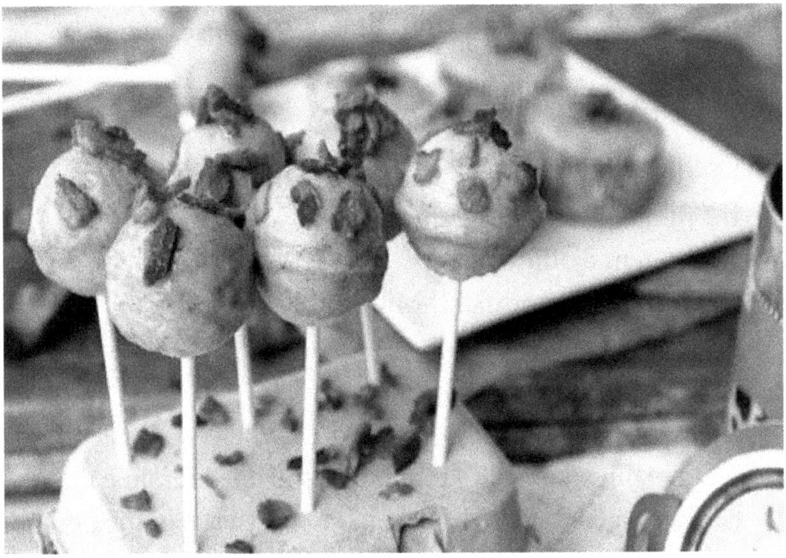

a) Bomba me yndyrë portokalli kokosi

PËRBËRËSIT

a) 1/2 filxhan vaj kokosi
b) 1/2 filxhan Krem për rrahje të rëndë
c) 4 oz. Krem djathi
d) 1 lugë. Vanilje portokalli Mio
e) pika Stevia e lëngshme

DREJTIMET

1. Matni vajin e kokosit, kremin e trashë dhe kremin e djathit.
2. Përdorni një blender zhytjeje për të përzier të gjithë përbërësit. Nëse e keni të vështirë t'i përzieni përbërësit, mund t'i vendosni në mikrovalë për 30 sekonda deri në 1 minutë për t'i zbutur.
3. Shtoni vanilje portokalli Mio dhe stevia të lëngshme në përzierje dhe përziejini së bashku me një lugë.
4. Përhapeni përzierjen në një tabaka silikoni (Imja është një tabaka e mrekullueshme e kubit të akullit të Avenger) dhe ngrijeni për 2-3 orë.
5. Pasi të jetë forcuar, hiqeni nga tabaka silikoni dhe ruajeni në frigorifer. Kënaquni!

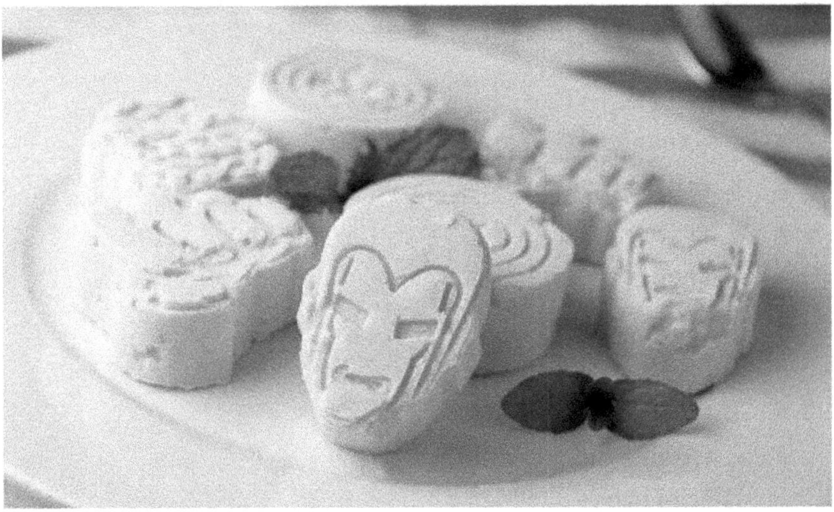

a) Bombat Jalapeno

PËRBËRËSIT
- 1 filxhan gjalpë, i zbutur
- 3 oz. Krem djathi
- 3 feta proshutë
- 1 piper jalapeno mesatar
- 1/2 lugë. Majdanoz i tharë
- 1/4 lugë. Pluhur qepe
- 1/4 lugë. Hudhra pluhur
- Kripë dhe piper për shije

DREJTIMET
- Skuqni 3 feta proshutë në një tigan derisa të jenë të freskëta.
- Hiqeni proshutën nga tava, por mbajeni yndyrën e mbetur për përdorim të mëvonshëm.
- Prisni derisa proshuta të ftohet dhe të jetë e freskët.
- Prisni një spec jalapeno dhe më pas prisni në copa të vogla.
- Kombinoni krem djathin, gjalpin, jalapeno dhe erëzat. I rregullojmë me kripë dhe piper sipas shijes.
- Shtoni yndyrën e proshutës dhe përziejini së bashku derisa të formohet një masë e fortë.
- Thërrmoni proshutën dhe vendoseni në një pjatë. Rrotulloni përzierjen e kremit të djathit në topa me dorën tuaj dhe më pas rrotulloni topin në proshutë.

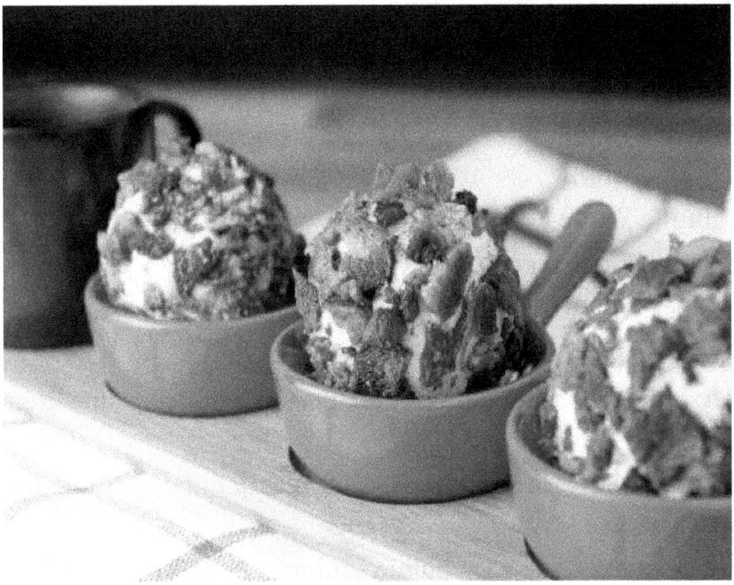

1. Bomba yndyrore picash

PËRBËRËSIT

- 4 oz. Krem djathi
- feta Pepperoni
- Ullinj të Zi me koriza
- 2 lugë gjelle. Pesto domate të thara në diell

DREJTIMET

a) Pritini specat dhe ullinjtë në copa të vogla.
b) Përziejini së bashku borzilokun, peston e domates dhe kremin e djathit.
c) Shtoni ullinjtë dhe specin në kremin e djathit dhe përziejini sërish.
d) Formoni topa, më pas zbukurojeni me speca, borzilok dhe ullinj.

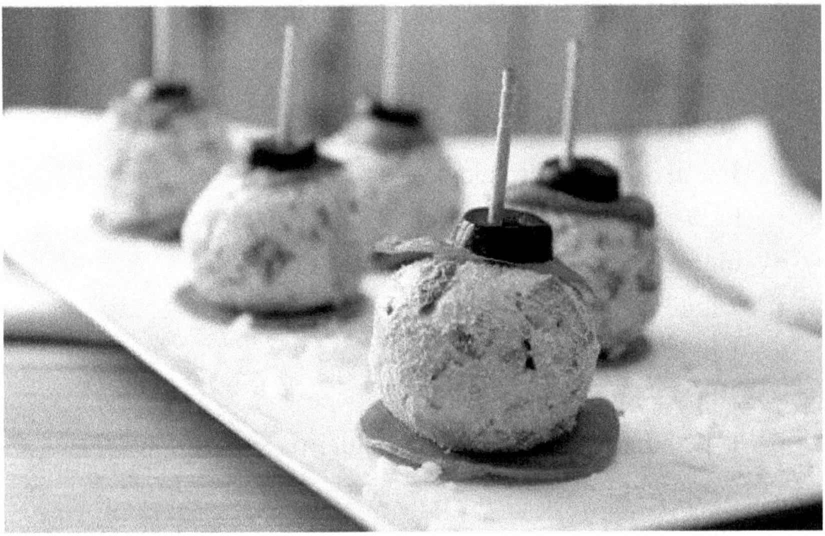

2. Bomba yndyrore me gjalpë kikiriku

PËRBËRËSIT

- 1/2 filxhan vaj kokosi
- 1/4 filxhan pluhur kakao
- lugë gjelle. PB Fit Powder
- lugë gjelle. Farat e kërpit të lëvozhgave
- 2 lugë gjelle. Krem i rëndë
- 1 lugë. Ekstrakt vanilje
- 28 pika Stevia e lëngshme
- 1/4 filxhan arrë kokosi të copëtuar pa sheqer

DREJTIMET

1. Përziejini së bashku të gjithë përbërësit e thatë me vajin e kokosit. Mund të duhet pak punë, por përfundimisht do të kthehet në një pastë.
2. Shtoni kremin e trashë, vaniljen dhe stevia të lëngshme. Përziejini përsëri derisa gjithçka të jetë e kombinuar dhe pak kremoze.
3. Matni kokosin e grirë të pa ëmbëlsuar në një pjatë.

4. Rrokullisni topat me dorën tuaj dhe më pas rrokullisni në kokosin e grirë të pa ëmbëlsuar. Shtroni në një tepsi të mbuluar me letër furre. Vendoseni në frigorifer për rreth 20 minuta.

- **Shufra me bombë me yndyrë arra panje**

PËRBËRËSIT

a) 2 filxhanë gjysma të pekanit
b) 1 filxhan miell bajame
c) 1/2 filxhan miell me fara liri të artë
d) 1/2 filxhan arrë kokosi të copëtuar pa sheqer
e) 1/2 filxhan vaj kokosi
f) 1/4 filxhan "Shurup panje"
g) 1/4 lugë. Stevia e lëngshme (~ 25 pika)

DREJTIMET

1. Matni 2 gota me gjysma të pekanit dhe piqini për 6-8 minuta në 350F në furrë. Mjafton kur të fillojnë të bëhen aromatike.
2. Hiqni pekanët nga furra, më pas shtoni në një qese plastike. Përdorni një gjilpërë për t'i shtypur në copa. Nuk ka shumë rëndësi për qëndrueshmërinë,
3. Përziejini përbërësit e thatë në një tas: 1 filxhan miell bajamesh, 1/2 filxhan miell me fara liri të artë dhe 1/2 filxhan kokos të grirë të pa ëmbëlsuar.
4. Shtoni pekanët e grimcuar në tas dhe përziejini sërish së bashku.
5. Në fund, shtoni 1/2 filxhan vaj kokosi, 1/4 filxhan "Shurup panje" (receta këtu) dhe 1/4 lugë. Stevia e lëngshme. I përziejmë mirë derisa të bëhet një brumë i thërrmuar.
6. Shtypeni brumin në një tavë. Unë jam duke përdorur një enë pjekjeje 11×7 për këtë.
7. Piqni për 20-25 minuta në 350F, ose derisa skajet të jenë skuqur lehtë.
8. Hiqeni nga furra; lëreni të ftohet pjesërisht dhe vendoseni në frigorifer për të paktën 1 orë (për t'u prerë pastër).
9. Pritini në 12 feta dhe hiqeni me një shpatull.

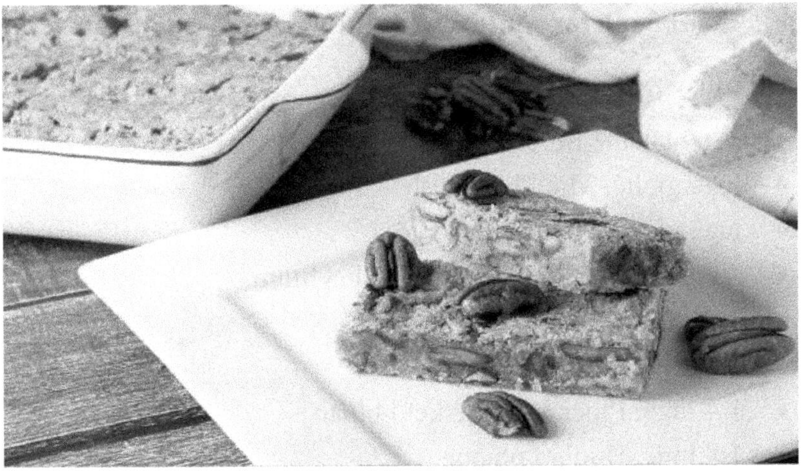

- **Bomba me proshutë me djathë**

PËRBËRËSIT
- 3 oz. Djathë Mocarela
- lugë gjelle. Miell bajamesh
- lugë gjelle. Gjalpë, i shkrirë
- 3 lugë gjelle. Pluhur lëvozhgë Psyllium
- 1 vezë e madhe
- 1/4 lugë. Kripë
- 1/4 lugë. Piper i zi i freskët i bluar
- 1/8 lugë. Hudhra pluhur
- 1/8 lugë. Pluhur qepe
- feta proshutë
- 1 filxhan vaj, sallo ose sallo (për tiganisje)

DREJTIMET
1. Shtoni 4 oz. (gjysma) djathë mocarela në një tas.
2. Mikrovalë 4 lugë gjelle. gjalpë për 15-20 sekonda ose derisa të shkrihet plotësisht.
3. Djathi në mikrovalë për 45-60 sekonda derisa të shkrihet dhe të shkrihet (duhet të jetë një
4. Shtoni 1 vezë dhe gjalpë në masë dhe përzieni mirë.
5. Shtoni 4 lugë gjelle. miell bajamesh, 3 lugë gjelle. Lëvozhga e psylliumit, dhe pjesa tjetër e erëzave tuaja në përzierje (1/4 lugë. kripë, 1/4 lugë. Piper i zi i freskët i bluar, 1/8 lugë. Hudhra pluhur dhe 1/8 lugë. Qepë pluhur).
6. Përziejini gjithçka së bashku dhe derdhni në një tapë. Hapeni brumin, ose duke përdorur duart, formoni brumin në një drejtkëndësh.
7. Përhapeni pjesën tjetër të djathit mbi gjysmën e brumit dhe paloseni brumin për së gjati.

8. Paloseni brumin përsëri vertikalisht në mënyrë që të formoni një formë katrore.
9. Shtrydhni skajet duke përdorur gishtat dhe shtypni brumin së bashku në një drejtkëndësh. Ju dëshironi që mbushja të jetë e ngushtë brenda.
10. Me thikë e presim brumin në 20 katrorë.
11. Prisni çdo fetë proshutë përgjysmë dhe më pas vendosni katrorin në fund të 1 copë proshutë.
12. Rrokullisni fort brumin në proshutë derisa skajet të mbivendosen. Ju mund ta "shtrini" proshutën tuaj nëse keni nevojë përpara se të rrotulloni.
13. Përdorni një kruese dhëmbësh për të siguruar proshutën pasi ta rrotulloni.
14. Bëni këtë për çdo pjesë të brumit që keni. Në fund do të keni 20 bomba proshutë djathi.
15. Ngrohni vajin, dhjamin e yndyrës ose yndyrën në 350-375 F dhe më pas skuqni bombat e proshutës me djathë 3 ose 4 copë në të njëjtën kohë.

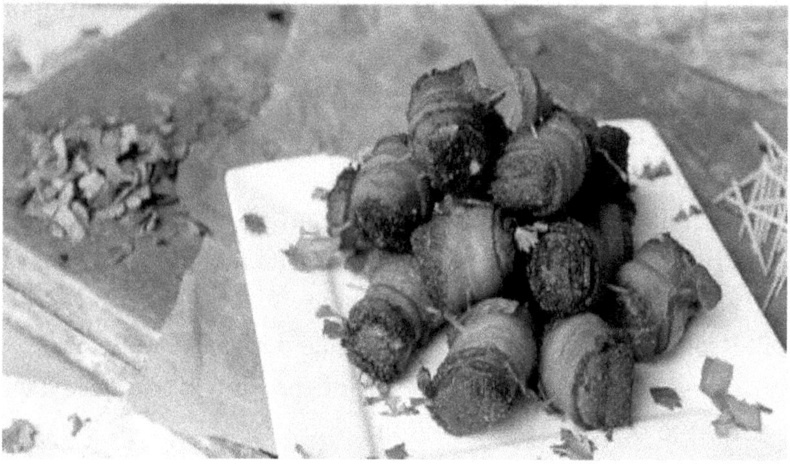

- **Proshutë me karamel Fat Pop**

PËRBËRËSIT

- Maple Bacon Cake Pops
- 6 Oz. Burgers' Smokehouse Country Bacon
- 5 vezë të mëdha, të ndara 1/4 filxhan shurup panje (receta këtu)
- 1/2 lugë. Ekstrakt vanilje 1/4 filxhan TANI Eritritol 1/4 lugë. Stevia e lëngshme
- 1 filxhan miell bajamesh Honeyville
- 2 lugë gjelle. Pluhur lëvozhgë Psyllium
- 1 lugë. Pluhur pjekje
- 2 lugë gjelle. Gjalpë
- 1/2 lugë. Krem i Tartarit
- Glazurë me karamel të kripur 5 lugë gjelle. Gjalpë
- 5 lugë gjelle. Krem i rëndë
- 2 1/2 lugë gjelle. Karamel i kripur pa sheqer Torani

DREJTIMET

a) Fetë 6 Oz. Burgers' Smokehouse Country proshutë në copa të vogla të madhësisë së kafshatës.
b) Ose ngrirja e proshutës për 30 minuta më parë, ose përdorimi i gërshërëve normalisht ndihmon në këtë proces.
c) Ngroheni një tigan në nxehtësi mesatare-të lartë dhe gatuajeni proshutën derisa të jetë e freskët.
d) Pasi të jetë e freskët, hiqni proshutën nga tigani dhe lëreni të thahet në peshqir letre. Ruani yndyrën e tepërt të proshutës për të skuqur perime ose mish të tjerë në të.
e) Ngrohni furrën në 325F. Në 2 enë të veçanta ndajmë të verdhat e vezëve nga të bardhat e 5 vezëve të mëdha.
f) Në enën me të verdhat e vezëve, shtoni 1/4 filxhan shurup panje (receta këtu), 1/4 filxhan eritritol, 1/4 lugë. stevia e lëngshme dhe 1/2 lugë. ekstrakt vanilje.

g) Përziejini me një mikser dore për rreth 2 minuta. Të verdhat e vezëve duhet të bëhen më të çelura.
h) Shtoni 1 filxhan miell bajame Honeyville, 2 lugë gjelle. Pluhur lëvore psyllium, 2 lugë gjelle. gjalpë, dhe 1 lugë. pluhur për pjekje.
i) Përziejeni këtë përsëri derisa të formohet një brumë i trashë.
j) Lani rrahjet e mikserit të dorës në lavaman për t'u siguruar që të gjitha gjurmët e yndyrave të jenë larë nga kamxhikët.
k) Shtoni 1/2 lugë. krem tartari deri te të bardhat e vezëve.
l) Rrahim të bardhat e vezëve duke përdorur një mikser dore derisa të formohen maja të forta.
m) Shtoni 2/3 proshutë të grirë në brumin e tortës.
n) Shtoni rreth 1/3 e të bardhëve të vezëve në brumë dhe përzieni në mënyrë agresive.
o)

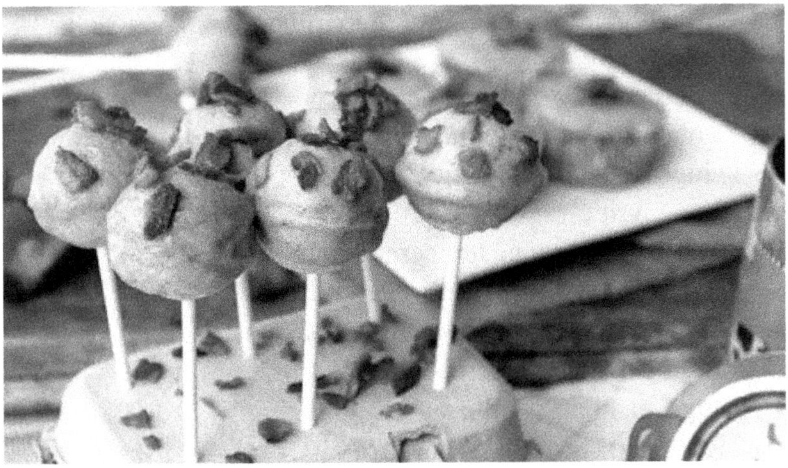

3. Bare shqeme me karamel të kripura

Përbërësit:
- 2 gota miell për të gjitha përdorimet
- ½ lugë. pluhur për pjekje
- ½ lugë. kripë
- 12 TBSP. gjalpë, në temperaturë ambienti
- 6 TBSP. gjalpë pa kripë, i prerë në copa
- 1 filxhan sheqer kafe të hapur, të paketuar fort
- 1 vezë e madhe
- 3 lugë. ekstrakt vanilje
- 1½ filxhan sheqer të grimcuar
- 1 filxhan krem të rëndë
- 2 gota shqeme të kripura, të pjekura

p) Ngroheni furrën në 340°F (171°C). Rreshtoni një tavë pjekjeje 9×13 inç (23×33 cm) me letër furre dhe lëreni mënjanë. Në një tas të vogël, kombinoni miellin për të gjitha përdorimet, pluhurin për pjekje dhe ¼ lugë çaji kripë. Lini mënjanë.
q) Në një tas mesatar, përzieni 6 lugë gjelle gjalpë, gjalpin e pakripur dhe sheqerin kaf të hapur me një mikser elektrik me shpejtësi mesatare për 5 minuta derisa të bëhen të lehta dhe me gëzof. Shtoni vezën dhe 1 lugë çaji ekstrakt vanilje dhe rrihni për 2 minuta me shpejtësi të ulët derisa të bashkohen.
r) Shtoni përzierjen e miellit dhe rrihni me shpejtësi mesatare për 2 deri në 3 minuta. Shtypni përzierjen e kores në tavën e përgatitur. Ftoheni për 30 minuta.
s) Në një tigan mesatar që nuk ngjit mbi nxehtësinë mesatare, ngrohni sheqerin e grimcuar. Kur të shihni sheqerin që fillon të ngjyroset, përzieni derisa të marrë ngjyrë kafe të lehtë, rreth 5 deri në 7 minuta. Shtoni me kujdes kremin e trashë dhe përzieni derisa të jetë homogjen.
t) Ulni zjarrin në minimum dhe shtoni 6 lugë gjelle gjalpë të mbetur, 2 lugë çaji të mbetur ekstrakt vaniljeje dhe ¼ lugë çaji kripë. I trazojmë derisa gjalpi të shkrijë dhe e largojmë nga zjarri.

u) Përzieni shqemet në përzierjen e karamelit. Hidhni përzierjen e karamel-shqemit në tigan sipër kores së ftohur. Piqeni për 20 minuta derisa të piqet. Lëreni të ftohet plotësisht përpara se ta prisni.

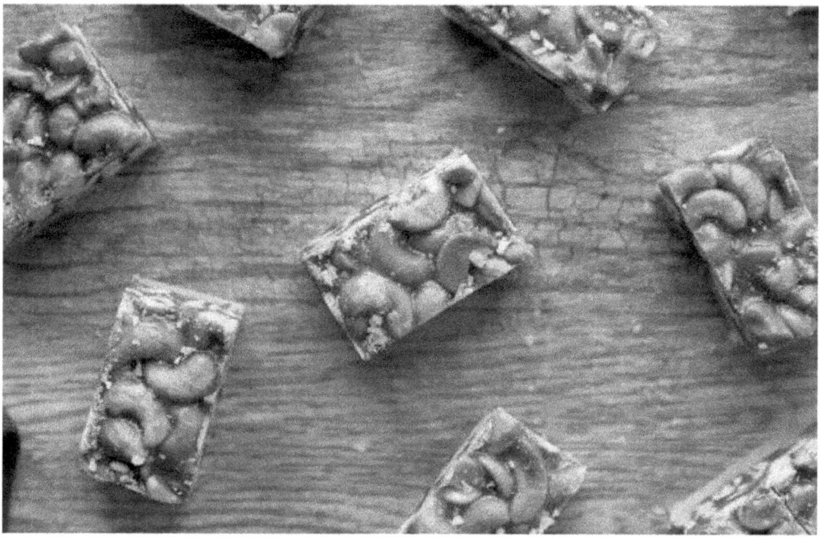

4. Karamelet e fëstëkut

Përbërësit:
- ½ filxhan gjalpë
- 2 gota sheqer kafe të errët, të paketuar fort
- ½ filxhan shurup misri të errët
- 2 gota krem të rëndë
- ¼ lugë. kripë
- 1 filxhan fëstëkë të grirë, të pjekur
- 2 lugë. ekstrakt vanilje

Drejtimet

h) Rreshtoni një tavë katrore 8 inç (20 cm) me letër alumini, spërkatni me llak gatimi që nuk ngjit dhe lëreni mënjanë.
i) Në një tenxhere të mesme mbi nxehtësinë e ulët shkrini gjalpin. Shtoni sheqer kafe të errët, shurup misri të errët, 1 filxhan krem të trashë dhe kripë. Lëreni të vlojë, duke e përzier herë pas here, për 12 deri në 15 minuta ose derisa përzierja të arrijë 225°F (110°C) në një termometër karamele.
j) Ngadalë shtoni 1 filxhan krem të trashë. Lëreni përzierjen të ziejë dhe gatuajeni për 15 minuta të tjera ose derisa të arrijë 250°F (120°C). Hiqeni nga zjarri dhe shtoni ekstraktin e fëstëkut dhe vaniljes. Hidheni në tavën e përgatitur.
k) Ftoheni për të paktën 3 orë përpara se ta hiqni nga folia dhe ta prisni në 48 pjesë.
l) Prisni letrën dylli në 48 katrorë 3 inç (7,5 cm). Vendoseni çdo karamel në qendër të një katrori letre dylli, rrotulloni letrën rreth karamelit dhe rrotulloni skajet e letrës.

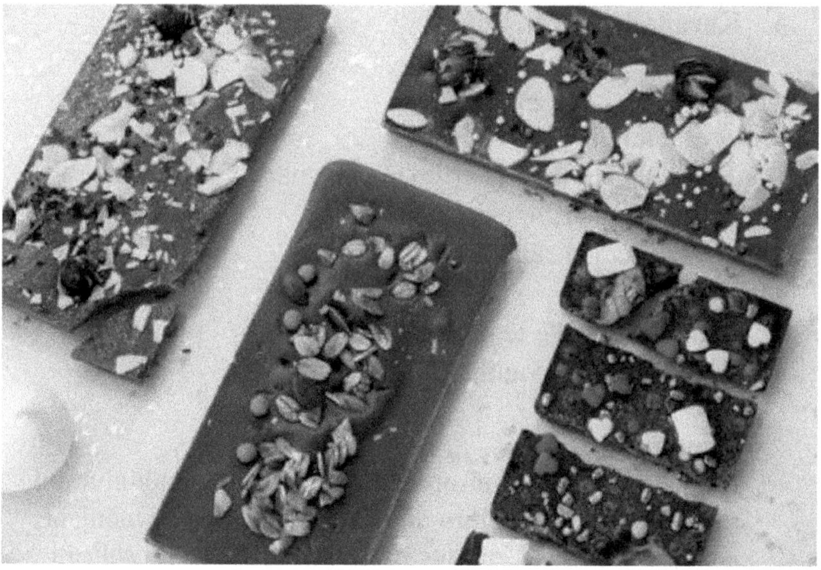

5. Sheshe kryesore gëlqereje

Përbërësit:
- 4 TBSP. gjalpë pa kripë, në temperaturë ambienti
- 4 TBSP. gjalpë, në temperaturë ambienti
- ½ filxhan sheqer ëmbëlsirash
- 2 gota plus 5 lugë gjelle. miell për të gjitha përdorimet
- 1 lugë. ekstrakt vanilje
- Pini kripë
- 4 vezë të mëdha, të rrahura lehtë
- 1¾ filxhan sheqer të grimcuar
- ¼ filxhan lëng limoni kyç
- 1 TBSP. lëvore gëlqereje e grirë

Drejtimet
15. Ngroheni furrën në 340°F (171°C). Lyeni lehtë një tavë pjekjeje 9×13 inç (23×33 cm) me llak gatimi që nuk ngjit dhe lëreni mënjanë.
16. Në një tas të madh, rrihni gjalpin pa kripë, gjalpin dhe sheqerin e ëmbëlsirave me një mikser elektrik me shpejtësi mesatare për 3 deri në 4 minuta ose derisa të bëhen të lehta dhe me gëzof.
17. Shtoni miellin për të gjitha përdorimet, ekstraktin e vaniljes dhe kripën dhe përziejini edhe për 2 deri në 3 minuta të tjera ose derisa të kombinohen mirë.
18. Shtypni brumin në fund të tavës së përgatitur. Piqni për 20 deri në 23 minuta, deri në kafe të lehtë të artë. Lëreni koren të ftohet për 10 minuta.
19. Në një tas të madh, përzieni vezët dhe sheqerin e grirë. Shtoni lëngun e gëlqeres Key dhe lëkurën e limonit dhe përzieni mirë.
20. Hidheni përzierjen mbi koren e ftohur dhe piqeni për 23 deri në 25 minuta ose derisa të jetë e vendosur. Ftoheni plotësisht përpara se ta prisni në 12 katrorë.
21. Ruajtja: Mbajeni të mbështjellë fort në mbështjellës plastik në frigorifer deri në 5 ditë.

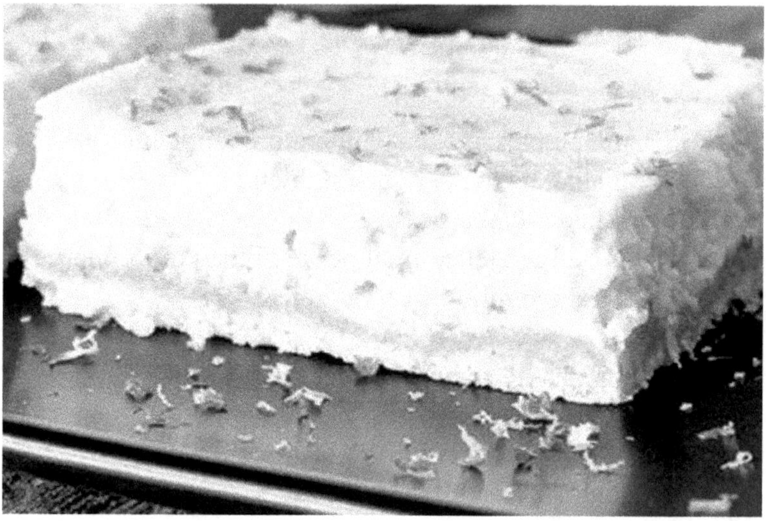

6. Kafshimet e granola me çokollatë të bardhë

Përbërësit:
- 1½ filxhan granola
- 3 TBSP. gjalpë, i shkrirë
- 2 gota çokollatë e bardhë e shkrirë

Drejtimet
6. Ngroheni furrën në 250°F (120°C). Në një tepsi të mbyllur, përzieni granolën dhe 2 lugë gjelle gjalpë. Vendoseni fletën e pjekjes në furrë për 5 minuta.
7. Hiqni fletën e pjekjes dhe përzieni derisa granola të përzihet plotësisht me gjalpin. Kthejeni fletën e pjekjes në furrë për 15 minuta, duke e përzier çdo 5 minuta. Hiqeni nga furra dhe lëreni granola të ftohet plotësisht.
8. Në një kazan të dyfishtë mbi nxehtësinë mesatare, bashkoni shkrirjet e çokollatës së bardhë dhe 1 lugë gjelle gjalpë të mbetur. Përziejini për 5 deri në 7 minuta, ose derisa çokollata e bardhë të shkrihet plotësisht dhe të kombinohet plotësisht me gjalpin. Hiqeni nga zjarri.
9. Përzieni granolën e ftohur në përzierjen e çokollatës së bardhë. Hidhini duke grumbulluar lugë gjelle në letër pergamene dhe lëreni të ftohet plotësisht përpara se ta shërbeni.
10. Ruajtja: Mbajeni në një enë hermetike në temperaturën e dhomës deri në 1 javë.

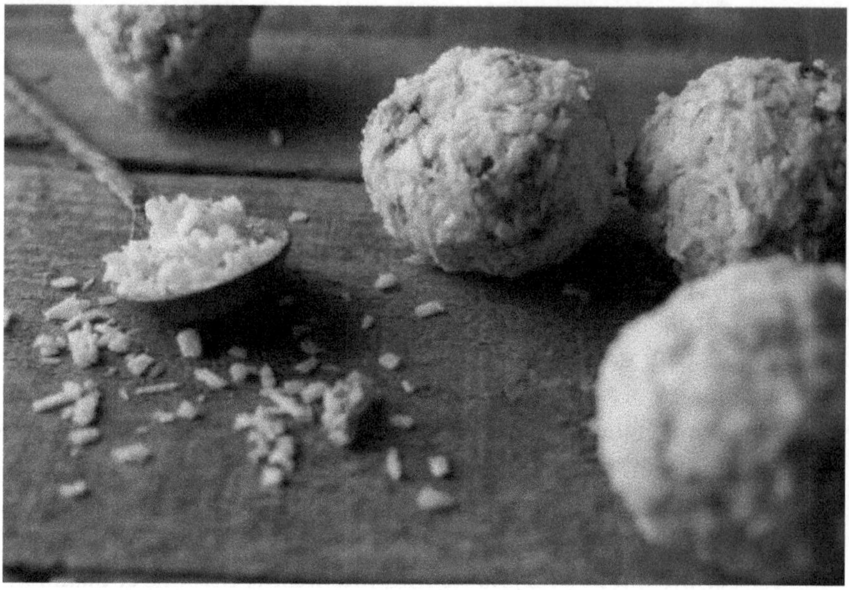

7. Sheshe karamele me proshutë të ëmbëlsuar

Përbërësit:
- 8 feta proshutë
- ¼ filxhan sheqer kafe të hapur, të paketuar fort
- 8 TBSP. gjalpë, i zbutur
- 2 TBSP. gjalpë pa kripë, i zbutur
- ⅓ filxhan sheqer kafe të errët, të paketuar fort
- ⅓ filxhan sheqer ëmbëlsirash
- 1½ filxhan miell për të gjitha përdorimet
- ½ lugë. kripë
- ½ filxhan copa kafeje
- 1 filxhan patate të skuqura çokollatë të zezë
- ⅓ filxhan bajame të copëtuara

Drejtimet
6. Ngroheni furrën në 350°F (180°C). Në një tas mesatar, hidhni proshutën dhe sheqerin kafe të hapur dhe vendosini në një shtresë të vetme në një tepsi.
7. Piqni për 20 deri në 25 minuta ose derisa proshuta të jetë e artë dhe krokante. Hiqeni nga furra dhe lëreni të ftohet për 15 deri në 20 minuta. Pritini në copa të vogla.
8. Uleni temperaturën e furrës në 340°F (171°C). Rreshtoni një tavë pjekjeje 9×13 inç (23×33 cm) me letër alumini, spërkateni me llak gatimi që nuk ngjit dhe lëreni mënjanë.
9. Në një tas të madh, përzieni gjalpin, gjalpin pa kripë, sheqerin kafe të errët dhe sheqerin e ëmbëlsirave me një mikser elektrik me shpejtësi mesatare deri sa të zbehet dhe të bëhet me gëzof. Shtoni miellin për të gjitha përdorimet dhe kripën gradualisht, duke i përzier derisa të kombinohen. Përziejini në ¼ filxhan copa karameleje derisa të shpërndahen në mënyrë të barabartë.
10. Shtypni brumin në tavën e përgatitur dhe piqeni për 25 minuta ose derisa të marrë ngjyrë kafe të artë. Hiqeni nga furra, spërkatni me copa çokollatë të zezë dhe lëreni për 3 minuta ose derisa patatet e skuqura të jenë zbutur.
11. Përhapeni sipër çokollatën e zbutur në mënyrë të barabartë dhe spërkatni me bajame, proshutë të ëmbëlsuar dhe ¼ filxhan

pjesë të mbetura të kafesë. Lëreni të ftohet për 2 orë ose derisa çokollata të zihet. Pritini në 16 katrorë 2 inç (5 cm).
12. Ruajtja: Mbajeni në një enë hermetike në frigorifer deri në 1 javë.

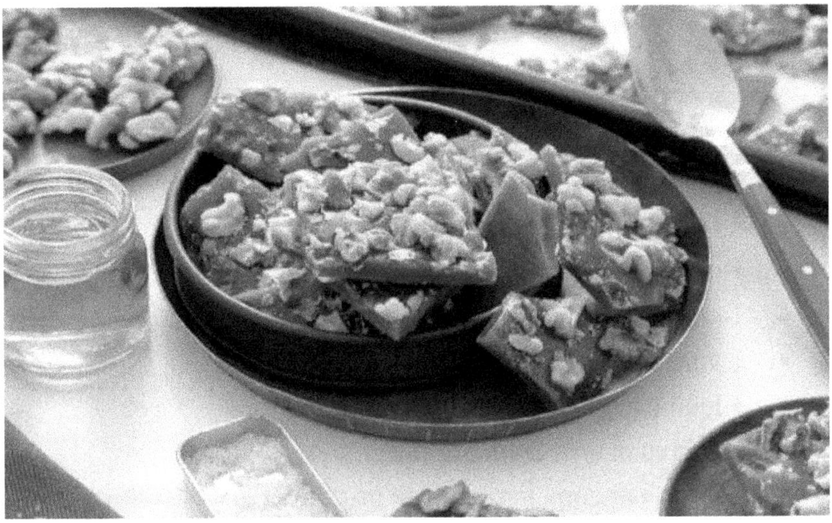

8. Bare me arra me karamel Dream

Përbërësit:
- 1 kuti përzierje keku të verdhë
- 3 lugë gjalpë i zbutur
- 1 vezë
- 14 ons qumësht i kondensuar i ëmbëlsuar
- 1 vezë
- 1 lugë çaji ekstrakt i pastër vanilje
- 1/2 filxhan arra të bluara imët
- 1/2 filxhan copa karamele të grira imët

Drejtimet:
h) Ngroheni furrën në 350. Përgatitni tavën drejtkëndëshe për kekun me sprej gatimi dhe më pas lëreni mënjanë.
i) Kombinoni përzierjen e kekut, gjalpin dhe një vezë në një tas, më pas përzieni derisa të bëhen të thërrmuara. Shtypeni përzierjen në fund të tiganit të përgatitur dhe më pas lëreni mënjanë.
j) Në një enë tjetër përzierëse bashkoni qumështin, vezën e mbetur, ekstraktin, arrat dhe copat e kafesë.
k) Përziejini mirë dhe hidheni mbi bazën në tigan. Piqeni për 35 minuta.

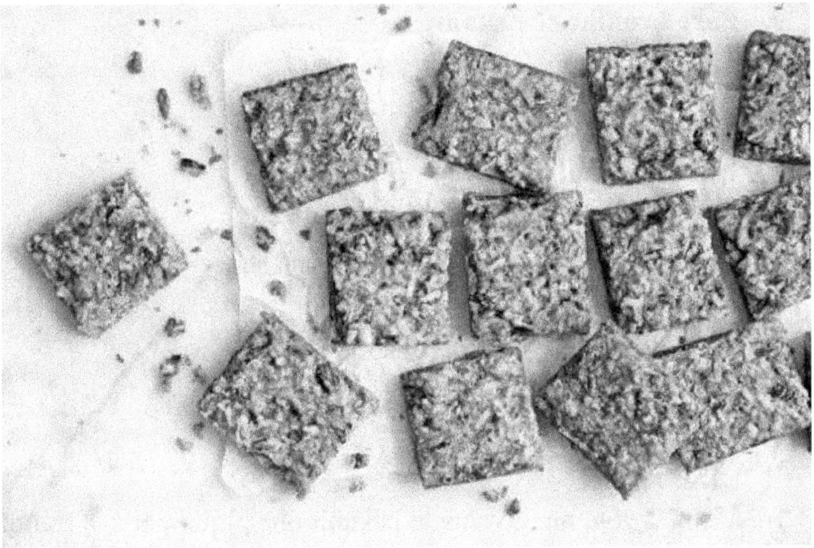

9. Bare kronike të pekanit

PËRBËRËSIT
- 2 gota Gjysma apekan
- 1 filxhan miell Cassava
- 1/2 filxhan miell me fara liri të artë
- 1/2 filxhan arrë kokosi të copëtuar pa sheqer
- 1/2 filxhan vaj kana-kokosi
- 1/4 filxhan mjaltë
- 1/4 lugë. Stevia e lëngshme

DREJTIMET
16. Matni 2 gota me gjysma të pekanit dhe piqini për 6-8 minuta në 350F në furrë. Mjafton kur të fillojnë të bëhen aromatike.
17. Hiqni pekanët nga furra dhe më pas shtoni në një qese plastike. Përdorni një gjilpërë për t'i shtypur në copa. Nuk ka shumë rëndësi për qëndrueshmërinë,
18. Përzieni përbërësit e thatë në një tas: 1 filxhan miell kasava, 1/2 filxhan miell me fara liri të artë dhe 1/2 filxhan kokos të grirë të pa ëmbëlsuar.
19. Shtoni pekanët e grimcuar në tas dhe përziejini sërish së bashku.
20. Në fund, shtoni 1/2 filxhan vaj kokosi Cana, 1/4 filxhan mjaltë dhe 1/4 lugë. Stevia e lëngshme. I përziejmë mirë së bashku derisa të krijohet një brumë i thërrmuar.
21. Shtypeni brumin në një tavë.
22. Piqni për 20-25 minuta në 350F, ose derisa skajet të jenë skuqur lehtë.
23. Hiqeni nga furra; lëreni të ftohet pjesërisht dhe vendoseni në frigorifer për të paktën 1 orë.
24. Pritini në 12 feta dhe hiqeni me një shpatull.

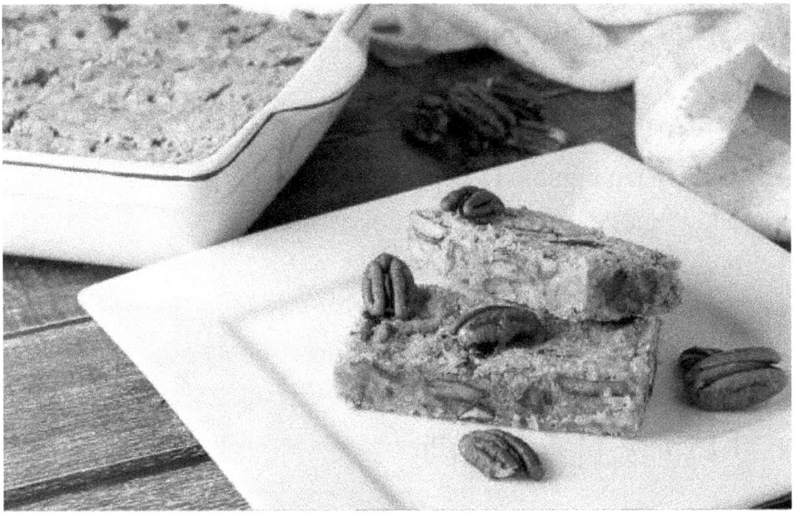

16. Gjalpë bajame chia katrore

PËRBËRËSIT
- 1/2 filxhan bajame të papërpunuara
- 1 lugë gjelle. + 1 lugë. Vaj kokosi
- lugë gjelle. TANI Eritritol
- 2 lugë gjelle. Gjalpë
- 1/4 filxhani Krem i rëndë
- 1/4 lugë. Stevia e lëngshme
- 1 1/2 lugë. Ekstrakt vanilje

DREJTIMET

4. Shtoni 1/2 filxhan bajame të papërpunuara në një tigan dhe skuqeni për rreth 7 minuta në nxehtësi mesatare-të ulët. Mjafton që të filloni të ndjeni aromën e arrë që del.
5. Shtoni arrat në procesorin e ushqimit dhe grijini ato.
6. Pasi të kenë arritur një konsistencë miellore, shtoni 2 lugë gjelle. TANI Eritritol dhe 1 lugë. Vaji i kokosit.
7. Vazhdoni bluarjen e bajameve derisa të formohet gjalpi i bajames, gjalpi të skuqet.
8. Pasi gjalpi të jetë skuqur, shtoni 1/4 filxhan krem Heavy, 2 lugë gjelle. TANI Eritritol, 1/4 lugë. Stevia e lëngshme dhe 1 1/2 lugë. Ekstrakt vanilje në gjalpë. Ulni nxehtësinë në minimum dhe përzieni mirë si flluskat e kremit.
9. Grini 1/4 filxhan fara Chia në një mulli erëzash derisa të formohet një pluhur.
10. Filloni të skuqni farat chia dhe 1/2 filxhan thekon kokosi të grirë të pa ëmbëlsuar në një tigan me temperaturë mesatare. Ju dëshironi që kokosi të marrë pak ngjyrë kafe.
11. Shtoni gjalpin e bajameve në përzierjen e gjalpit dhe kremit të trashë dhe përzieni mirë. Lëreni të gatuhet në një pastë.

12 Në një enë pjekjeje katrore (ose çfarëdo madhësie që dëshironi), shtoni përzierjen e gjalpit të bajameve, chia-n e thekur dhe përzierjen e kokosit dhe 1/2 filxhan krem kokosi. Kremin e kokosit mund ta shtoni në një tigan që të shkrihet pak para se ta shtoni.
13 Shtoni 1 lugë gjelle. Vaj kokosi dhe 2 lugë gjelle. Miell kokosi dhe përziejini gjithçka mirë.
14 Duke përdorur gishtat, paketoni mirë përzierjen në enë për pjekje.
15 Lëreni përzierjen në frigorifer për të paktën një orë dhe më pas hiqeni nga ena e pjekjes. Ajo duhet të mbajë formën tani.
16 Pritini përzierjen në katrorë ose çdo formë që dëshironi dhe vendoseni përsëri në frigorifer për të paktën disa orë të tjera. Mund të përdorni përzierjen e tepërt për të formuar më shumë katrorë, por unë e hëngra në vend të saj.
17 Nxirreni dhe hajeni si të doni!

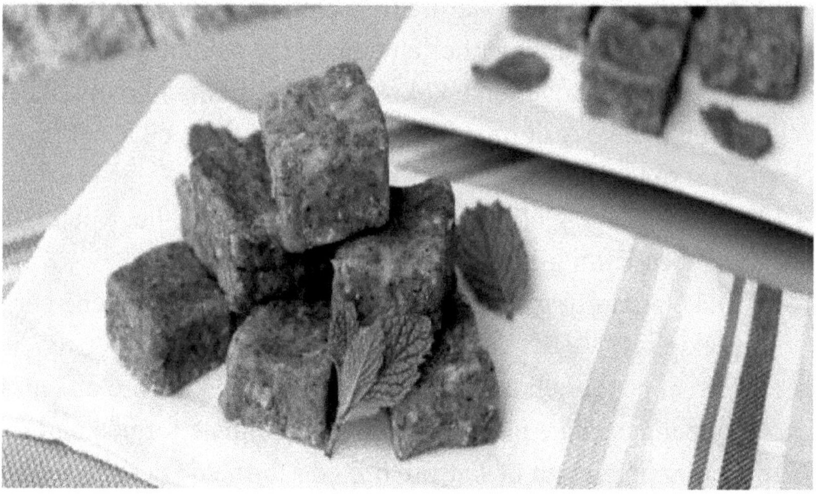

16. Nuggets fara Chia

PËRBËRËSIT
- 2 lugë vaj kokosi
- 1/2 filxhan fara Chia, të bluara
- 3 oz. Djathë çedër i grirë
- 1 1/4 filxhan Ujë me akull
- 2 lugë gjelle. Pluhur lëvozhgë Psyllium
- 1/4 lugë. Çamçakëz Xanthan
- 1/4 lugë. Hudhra pluhur
- 1/4 lugë. Pluhur qepe
- 1/4 lugë. Rigon
- 1/4 lugë. Paprika
- 1/4 lugë. Kripë
- 1/4 lugë. Piper

DREJTIMET
5. Ngrohni furrën në 375F. Grini 1/2 filxhan fara Chia në një mulli erëzash. Ju dëshironi një vakt si cilësi.
6. Shtoni farat e bluara Chia, 2 lugë gjelle. Pluhur lëvore Psyllium, 1/4 lugë. Çamçakëz Xanthan, 1/4 lugë. Hudhra pluhur, 1/4 lugë. Qepë pluhur, 1/4 lugë. Rigon, 1/4 lugë. Paprika, 1/4 lugë. Kripë dhe 1/4 lugë. Piper në një tas. Përziejini mirë këtë së bashku.
7. Shtoni 2 lugë gjelle. Vaji i kokosit tek përbërësit e thatë dhe përzihet së bashku. Duhet të kthehet në konsistencën e rërës së lagësht.
8. Shtoni 1 1/4 filxhan ujë të ftohtë me akull në tas. I perziejme shume mire bashke. Mund t'ju duhet të kaloni kohë shtesë duke e përzier së bashku pasi farave chia dhe Psyllium ju marrin pak kohë për të thithur ujin. Vazhdoni të përzieni derisa të krijohet një brumë i fortë.
9. Grini 3 oz. Djathë çedër dhe e shtoni në tas.

10. Duke përdorur duart, gatuajeni brumin së bashku. Ju dëshironi që ajo të jetë relativisht e thatë dhe jo ngjitëse deri në momentin që përfundoni.
11. E vendosim brumin në një kavanoz dhe e lëmë të qëndrojë për disa minuta.
12. Përhapeni ose rrotulloni brumin hollë në mënyrë që të mbulojë të gjithë silpatin. Nëse mund ta bëni më të hollë, vazhdoni të rrotulloni dhe ruajeni tepricën për një gatim të dytë.
13. Piqeni për 30-35 minuta në furrë derisa të gatuhet.
14. I nxirrni nga furra dhe sa janë të nxehta i prisni në krisur individuale.
15. Mund të përdorni ose buzën e hapur të një thike (mos e preni në silikon), ose një shpatull të madhe.
16. I vendosim krisurat në furrë për 5-7 minuta në zierje ose derisa majat të jenë skuqur dhe të skuqen mirë. Hiqeni nga furra dhe vendoseni në një raft të ftohet. Ndërsa ftohen, bëhen më të freskëta.
17. Shërbejeni me salcat tuaja të preferuara. Po përdor Chipotle Aioli me hudhër të pjekur.

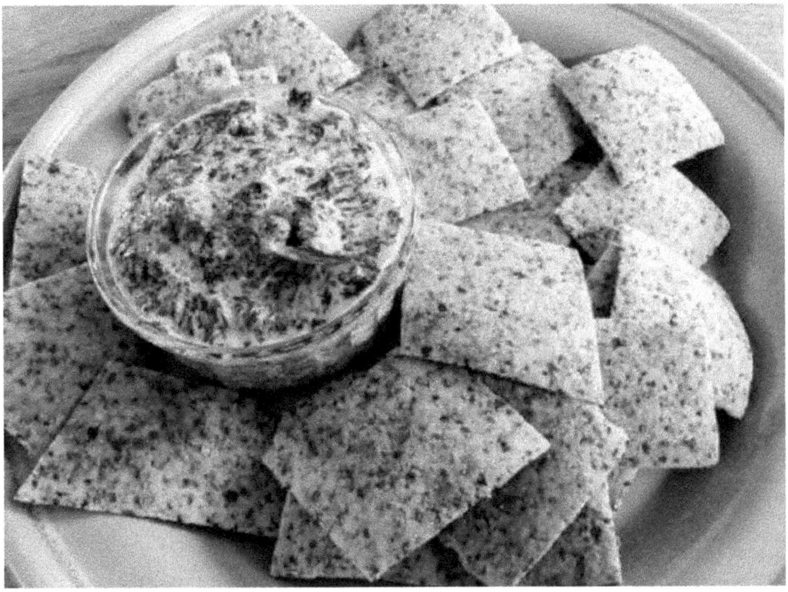

18. Arra me proteina me çokollatë

Serbimet: 12 bare Koha e përgatitjes: 1 orë
Përbërësit:
- Gjalpë arra 100% të pastër, 250 gr
- Farat e pjekura të qelqit, 1 ½ lugë çaji
- Jogurt i thjeshtë pa yndyrë, 110 g
- Pluhur 100% proteinë hirrë, 100 g
- Kanellë, 1 ½ lugë çaji
- Thika kakao të papërpunuara, 4 lugë çaji
- 85% çokollatë e zezë, 100 g
- Ekstrakt i pastër vanilje, 1 lugë gjelle
- Pluhur 100% proteine bizele, 30 g

Metoda:
e) Shtoni të gjithë përbërësit përveç çokollatës në procesorin e ushqimit dhe pulsoni derisa të jetë e qetë.
f) Bëni 12 bare nga përzierja dhe vendosini në frigorifer për 30 minuta.
g) Kur shufrat të jenë të forta, shkrini çokollatën në mikrovalë dhe zhytni çdo shufër në të dhe lyejeni mirë.
h) Rregulloni shufrat e veshura në një fletë të rreshtuar dhe vendosini përsëri në frigorifer për 30 minuta ose derisa çokollata të jetë e fortë.
i) Kënaquni.

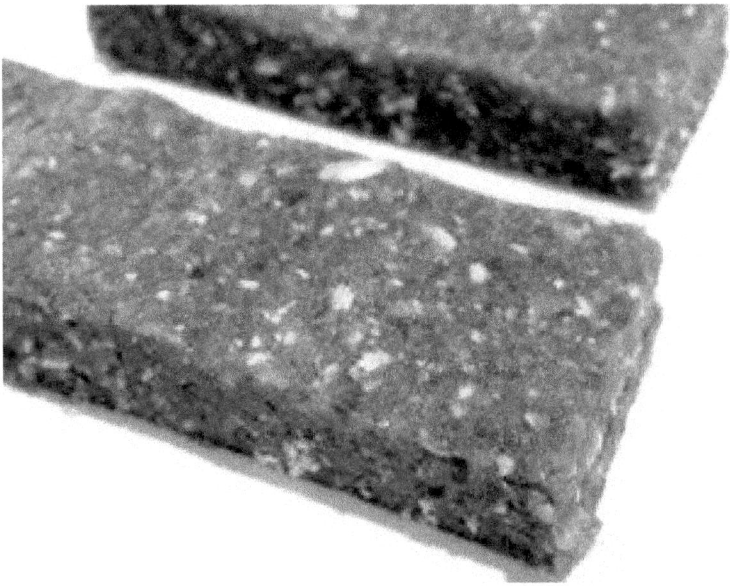

19. Bare Proteinash me Çokollatë Gjermane

Shërbimet: 12 bare
Koha e përgatitjes: 2 orë 20 minuta
Përbërësit:
- Tërshërë, 1 filxhan
- Kokosi i grirë, ½ filxhan + ¼ filxhan, i ndarë
- Pluhur proteine soje, ½ filxhan
- Pecans, ½ filxhan + ¼ filxhan, të copëtuar, të ndarë
- Ujë, deri në ¼ filxhan
- Pluhur kakao, ¼ filxhan
- Ekstrakti i vaniljes, 1 lugë çaji
- Thika kakao, 2 lugë gjelle
- Kripë, ¼ lugë çaji
- Hurma Medjool, 1 filxhan, pa kore dhe ngjyhet për 30 minuta

Metoda:
i) Përpunoni tërshërën deri në miell të imët më pas shtoni pluhur kakao dhe pluhur proteinash, përpunoni përsëri.
j) Ndërkohë kullojmë hurmat dhe i shtojmë në procesorin e ushqimit. Pulsoni për 30 sekonda, më pas shtoni ½ filxhan kokos të grirë dhe ½ filxhan pekan të ndjekur nga kripë dhe vanilje.
k) Përpunoni përsëri dhe vazhdoni të shtoni pak nga pak ujë dhe formoni brumë.
l) Vendoseni brumin në një tas të madh dhe shtoni pjesën e mbetur të pekanit dhe kokosit të ndjekur nga kakao.
m) Vendoseni brumin në letër furre dhe mbulojeni me një tjetër pergamenë dhe formoni një katror të trashë.
n) Lëreni në frigorifer për 2 orë, më pas hiqni letrën pergamene dhe priteni në 12 shufra të gjatësisë që dëshironi.

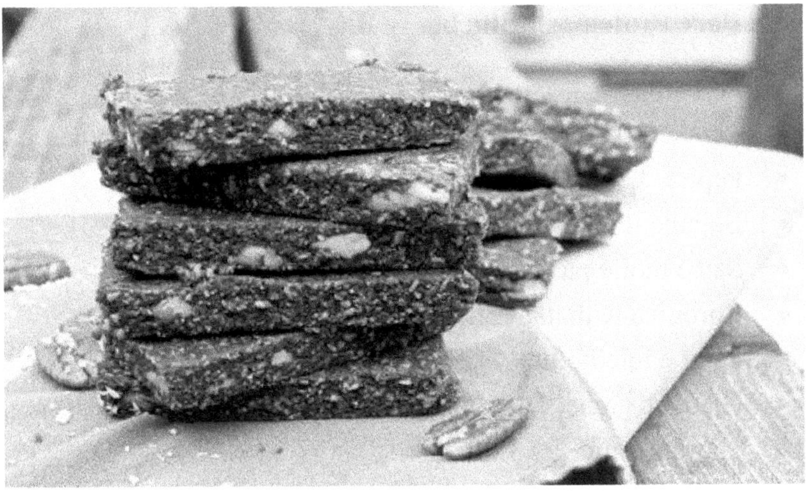

20. Bare Proteinash Blueberry Bliss

Përbërësit:
- Tërshërë 100% e pastër e pa kontaminuar, 1 + ½ filxhan
- Pepita, 1/3 filxhan
- Bajame të plota, ¾ filxhan
- Salcë molle pa sheqer ¼ filxhan
- Boronica të thata, ½ filxhan grumbull
- Farat e luledielli, ¼ filxhan
- Gjalpë bajame, 1 filxhan
- Shurup panje, 1/3 filxhan
- Arra, 1/3 filxhan
- Fëstëkë, ½ filxhan
- Farë liri të bluara, 1/3 filxhan

Metoda:
p) Rreshtoni një tavë pjekjeje me letër dylli dhe mbajeni mënjanë.
q) Në një tas të madh kombinoni tërshërën, bajamet, farat e luledielli, manaferrat e thata, arrat, fëstëkët, farat e lirit dhe pepitat.
r) Hidhni sipër salcën e mollës dhe shurupin e panjës dhe përzieni mirë.
s) Tani shtoni gjalpin dhe përzieni mirë.
t) Transferoni brumin në tigan dhe rrafshoni nga lart.
u) Ngrijeni për një orë. Kur përzierja të jetë vendosur plotësisht, hidheni në banak.
v) Pritini në feta të trashet dhe gjatësia që dëshironi në 16 bar.

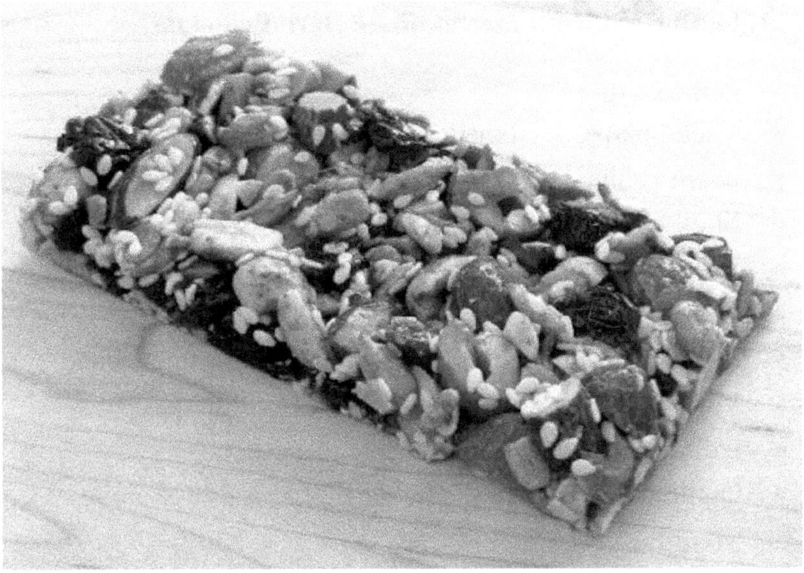

21. Gjalpë Kikiriku me çokollatë Bare Proteinash

Përbërësit:
- Miell kokosi, ¼ filxhan
- Krem vanilje stevia, 1 lugë çaji
- Miell kikiriku, 6 lugë gjelle
- Ekstrakti i vaniljes, 1 lugë çaji
- Kripë, ¼ lugë çaji
- Patate të skuqura çokollate në miniaturë, 1 lugë gjelle
- Vaj kokosi, 1 lugë çaji, i shkrirë dhe i ftohur pak
- Izolimi i proteinës së sojës, 6 lugë gjelle
- Qumësht shqeme pa sheqer, ½ filxhan + 2 lugë gjelle

Metoda:
h) Rreshtoni një tepsi me letër dylli. Mbajeni mënjanë.
i) Kombinoni të dy miellrat me proteinën e sojës dhe kripën.
j) Në një enë tjetër përzieni qumështin e kokosit me stevia, qumësht shqeme dhe vanilje. Hidheni këtë përzierje gradualisht në masën e miellit dhe përzieni mirë që të bashkohet.
k) Tani shtoni ½ patate të skuqura çokollatë dhe palosini butësisht në përzierje.
l) Transferoni përzierjen në tepsi të përgatitur dhe përhapeni në mënyrë të barabartë duke përdorur një shpatull.
m) Mbushni me copëzat e mbetura të çokollatës dhe ngrini për 3 orë.
n) Pritini në trashësinë dhe gjatësinë e dëshiruar.

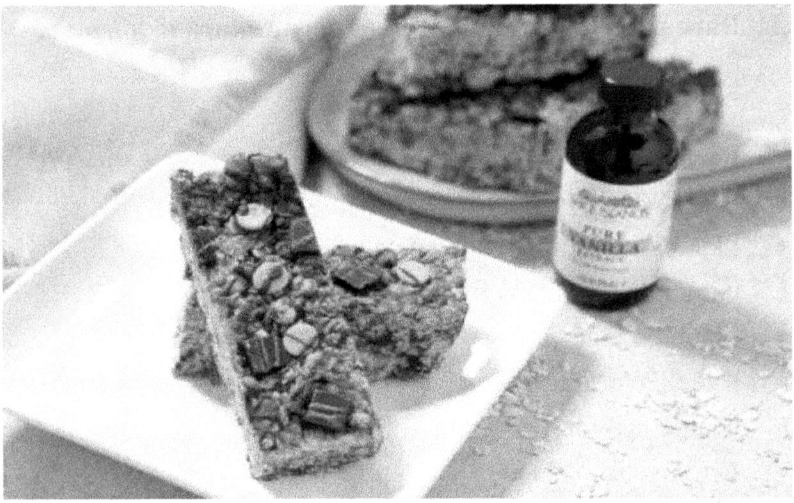

22. Bare proteinash me fara të papërpunuara të kërpit të kungullit

Përbërësit:
- Hurma Medjool, ½ filxhan, pa gropë
- Ekstrakti i vaniljes, ½ lugë çaji
- Farat e kungullit, ¼ filxhan
- Kripë, ¼ lugë çaji
- Kanellë, ½ lugë çaji
- Gjalpë nga farat e kërpit, ½ filxhan
- Arrëmyshk, ¼ lugë çaji
- Ujë, ¼ filxhan
- Tërshërë të papërpunuar, 2 gota
- Fara Chia, 2 lugë gjelle

Metoda:
g) Shtroni një tavë me letër furre dhe mbajini mënjanë, Thitni hurmat për 30 minuta dhe më pas përziejeni derisa të jenë të lëmuara.
h) Transferoni përzierjen në një tas dhe shtoni gjalpin e kërpit dhe përzieni mirë.
i) Tani shtoni përbërësit e mbetur dhe palosni butësisht për t'u përfshirë mirë.
j) Transferoni në tigan dhe rrafshoni me një shpatull.
k) E vendosim në frigorifer për 2 orë dhe më pas e presim në 16 shufra.

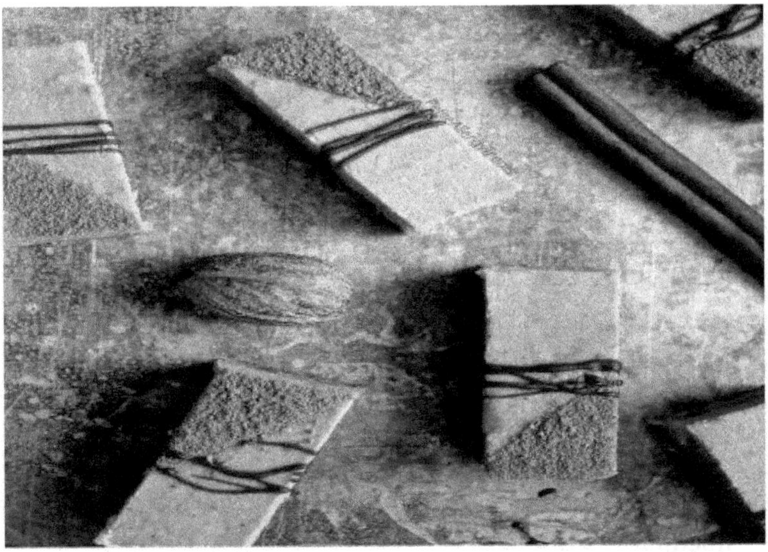

23. CrunchBars me proteina vanilje xhenxhefili

Përbërësit:
- Gjalpë, 2 lugë gjelle
- Tërshërë, 1 filxhan
- Bajame të papërpunuara, ½ filxhan, të copëtuara
- Qumësht kokosi, ¼ filxhan
- Kokosi i grirë, ¼ filxhan
- Pluhur proteinash (vanilje), 2 lugë
- Shurup panje, ¼ filxhan
- Xhenxhefil i kristalizuar, ½ filxhan, i copëtuar
- Corn flakes, 1 filxhan, të grira deri në thërrime të mëdha Fara luledielli, ¼ filxhan

Metoda:
b) Shkrini gjalpin në një tigan dhe shtoni shurup panje. I trazojmë mirë.
c) Shtoni qumështin dhe më pas proteinat pluhur dhe përzieni mirë që të kombinohen. Kur përzierja të kthehet në një konsistencë të qetë, fikeni zjarrin.
d) Në një tas të madh shtoni farat e luledielllit, bajamet, tërshërën, flaksin e misrit dhe ¾ copa xhenxhefili.
e) Derdhni përzierjen mbi përbërësit e thatë dhe përzieni mirë.
f) Transferoni në një tavë të përgatitur me letër dylli dhe përhapeni në një shtresë të barabartë.
g) Sipër shtoni xhenxhefilin dhe kokosin e mbetur. Piqini për 20 minuta në 325 F. Lëreni të ftohet përpara se ta prisni në feta.

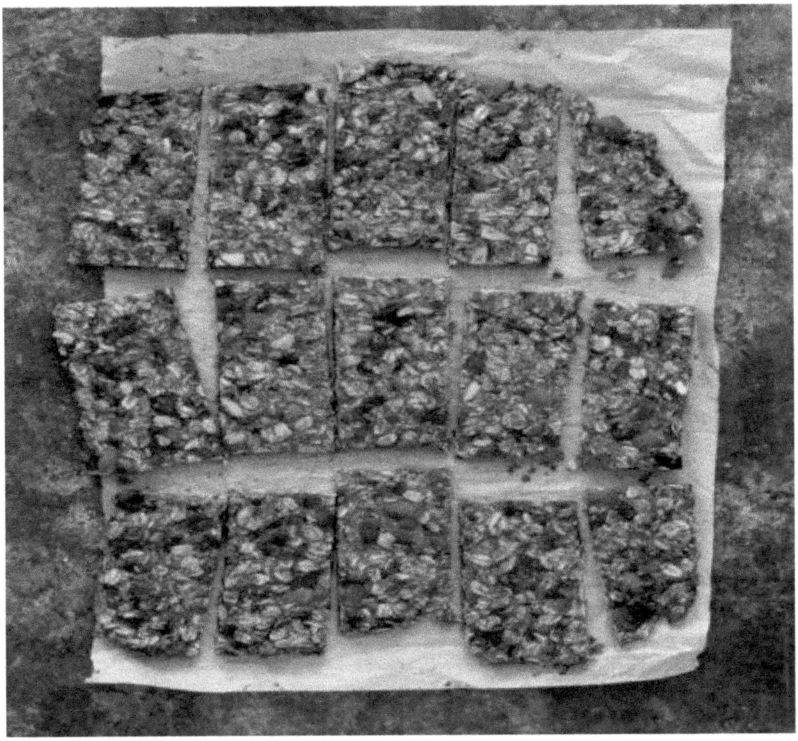

24. Bare gjevrek me gjalpë kikiriku

Përbërësit:
- Patate të skuqura soje, 5 gota
- Ujë, ½ filxhan
- Mini gjevrek i përdredhur, 6, i prerë përafërsisht
- Gjalpë kikiriku pluhur, 6 lugë gjelle
- Kikirikë, 2 lugë gjelle, të prera përafërsisht
- Pluhur proteine soje, 6 lugë gjelle
- Patate të skuqura gjalpë kikiriku, 2 lugë gjelle, të prera në gjysmë Agave, 6 lugë gjelle

Metoda:
g) Spërkatni një tavë pjekjeje me llak gatimi dhe mbajeni mënjanë.
h) Përpunoni patate të skuqura soje në përpunues ushqimi dhe shtoni në një tas.
i) Shtoni pluhur proteinash dhe përzieni.
j) Ngroheni një tenxhere dhe shtoni ujin, agave dhe gjalpin pluhur. Përziejini gjatë gatimit në zjarr mesatar për 5 minuta. Lëreni përzierjen të ziejë për disa sekonda më pas dhe përzierjen e sojës duke e përzier vazhdimisht.
k) Transferoni përzierjen në tiganin e përgatitur dhe sipër me gjevrek, kikirikë dhe patate të skuqura gjalpë kikiriku.
l) Lëreni në frigorifer derisa të forcohet. Pritini në shufra dhe shijoni.

Melissa's Southern Style Kitchen

25. Bare proteinash me bajame me boronicë

. Përbërësit:

- Bajame të pjekura me kripë deti, 2 gota
- Thekon kokosi pa sheqer, ½ filxhan
- Drithëra orizi të fryrë, 2/3 gota
- Ekstrakti i vaniljes, 1 lugë çaji
- Boronica të thata, 2/3 gota
- Farat e kërpit, 1 lugë e madhe
- Shurup orizi kaf, 1/3 filxhan mjaltë, 2 lugë gjelle

Metoda:

b) Kombinoni bajamet me boronicat, farat e kërpit, drithërat e orizit dhe kokosin. Mbajeni mënjanë.
c) Në një tenxhere shtoni mjaltin e më pas vaniljen dhe shurupin e orizit. Përziejini dhe ziejini për 5 minuta.
d) Hidhni salcën mbi përbërësit e thatë dhe përzieni shpejt që të bashkohen.
e) Transferoni përzierjen në një tepsi të përgatitur dhe përhapeni në një shtresë të barabartë.
f) Lëreni në frigorifer për 30 minuta.
g) Kur të jenë vendosur, pritini në shirita të madhësisë së dëshiruar dhe shijojeni.

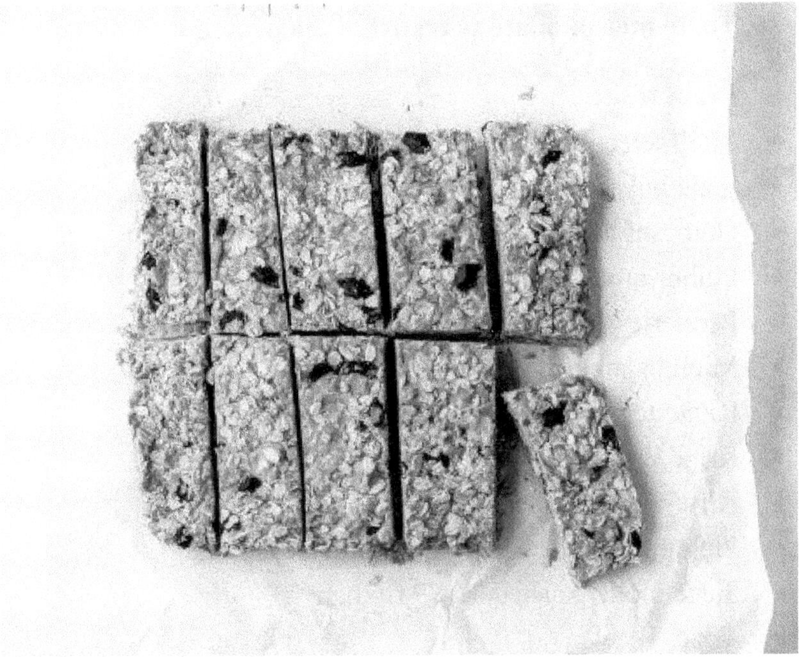

26. Torte me çokollatë të trefishtë me proteina

Përbërësit:
- Miell tërshërë, 1 filxhan
- Sodë buke, ½ lugë çaji
- Qumësht bajame, ¼ filxhan
- Pluhur proteine hirrë çokollatë, 1 lugë
- Përzierje për pjekje Stevia, ¼ filxhan
- Miell bajamesh, ¼ filxhan
- Patate të skuqura çokollatë të zezë, 3 lugë gjelle
- Kripë, ¼ lugë çaji
- Arra, 3 lugë gjelle, të grira
- Pluhur kakao të errët pa sheqer, 3 lugë gjelle
- Salcë molle pa sheqer, 1/3 filxhan
- Vezë, 1
- Jogurt i thjeshtë grek, ¼ filxhan
- Të bardhat e lëngshme të vezëve, 2 lugë
- Pluhur i proteinës së hirrës së vaniljes, 1 lugë

Metoda:
f) Ngrohni furrën në 350 F.
g) Lyejeni një tavë pjekjeje me sprej gatimi dhe mbajeni mënjanë.
h) Në një tas të madh kombinoni të dy miellrat me kripën, sodën e bukës, të dy pluhurat e proteinave dhe pluhurin e errët të kakaos. Mbajeni mënjanë.
i) Në një enë tjetër rrihni vezët me stevia dhe rrihni derisa të kombinohen mirë, më pas shtoni përbërësit e mbetur të lagësht dhe përzieni përsëri.
j) Gradualisht përzieni përzierjen e lagur në masën e thatë dhe përzieni mirë që të bashkohet.
k) Shtoni arra dhe patate të skuqura çokollatë, palosni butësisht ato.

l) Transferoni masën në tavën e përgatitur dhe piqeni për 25 minuta.
m) Lëreni të ftohet përpara se ta hiqni nga tigani dhe ta prisni në feta

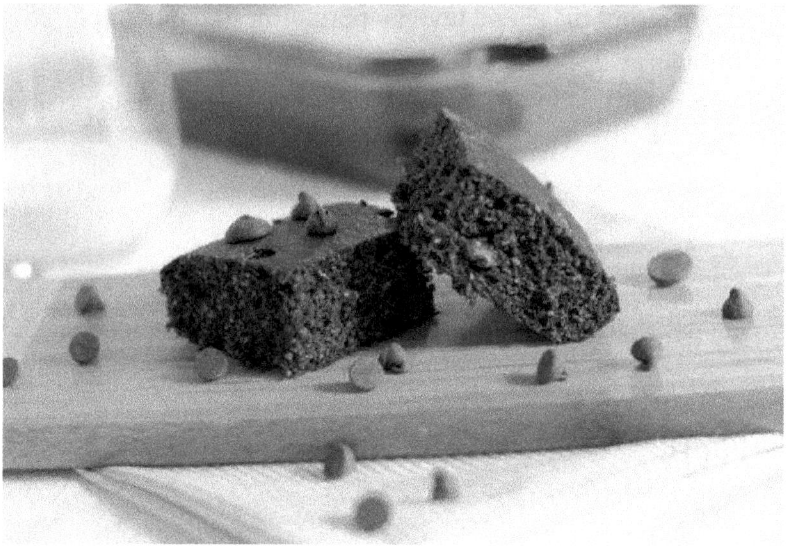

27. Bare me mjedër-çokollatë

Përbërësit:
- Gjalpë kikiriku ose bajame, ½ filxhan
- Fara liri, ¼ filxhan
- Agave blu, 1/3 filxhan
- Pluhur proteinash çokollate, ¼ filxhan
- Mjedra, ½ filxhan
- Tërshërë të mbështjellë të menjëhershme, 1 filxhan

Metoda:
d) Kombinoni gjalpin e kikirikut me agave dhe gatuajeni në zjarr të ulët, duke e përzier vazhdimisht.
e) Kur përzierja të formojë një strukturë të lëmuar, shtoni atë tek tërshëra, farat e lirit dhe proteinat. Përziejini mirë.
f) Shtoni mjedrat dhe paloseni butësisht.
g) Transferoni brumin në tiganin e përgatitur dhe ngrini për një orë.
h) Pritini në 8 shufra kur të jenë të forta dhe shijoni.

28. Bare brumi për biskota me gjalpë kikiriku

Përbërësit:

- Tërshërë të mbështjellë, ¼ filxhan
- Gjalpë kikiriku, 3 lugë gjelle
- Pluhur proteinash, ½ filxhan
- Kripë, një majë
- Hurma të mëdha Medjool, 10
- Shqeme të papërpunuara, 1 filxhan
- Shurup panje, 2 lugë kikirikë të plotë, për zbukurim

Metoda:

u) Vendosni tërshërën në procesor ushqimi në miell të imët.
v) Tani shtoni të gjithë përbërësit përveç kikirikëve të plotë dhe përpunoni derisa të jetë e qetë.
w) Shijoni dhe bëni ndonjë rregullim nëse dëshironi.
x) Transferoni përzierjen në një tepsi dhe sipër me kikirikë të plotë.

y) Lëreni në frigorifer për 3 orë. Kur masa të jetë e fortë, vendoseni në tavanin e kuzhinës dhe priteni në 8 shufra të gjatësisë që dëshironi.

29. Bare Proteinash Muesli

Përbërësit:
- Qumësht bajame pa sheqer, ½ filxhan
- Mjaltë, 3 lugë gjelle
- Kuinoa, ¼ filxhan, e gatuar
- Fara Chia, 1 lugë çaji
- Miell, 1 lugë gjelle
- Pluhur proteinash çokollate, 2 lugë
- Patate të skuqura çokollatë, ¼ filxhan
- Kanellë, ½ lugë çaji
- Banane e pjekur, ½, e grirë
- Bajame, ¼ filxhan, të prera në feta
- Muesli, 1 ½ filxhan, i markës tuaj të preferuar

Metoda:
j) Ngrohni furrën në 350 F.
k) Përzieni qumështin e bajames me purenë e bananes, farat chia dhe mjaltin në një tas mesatar dhe mbajeni mënjanë.
l) Në një enë tjetër bashkoni përbërësit e mbetur dhe përzieni mirë.
m) Tani derdhni përzierjen e qumështit të bajames mbi përbërësit e thatë dhe palosni gjithçka mirë.
n) Brumin e kalojmë në një tavë dhe e pjekim për 20-25 minuta.
o) Lëreni të ftohet përpara se ta hiqni nga tigani dhe ta prisni në feta.

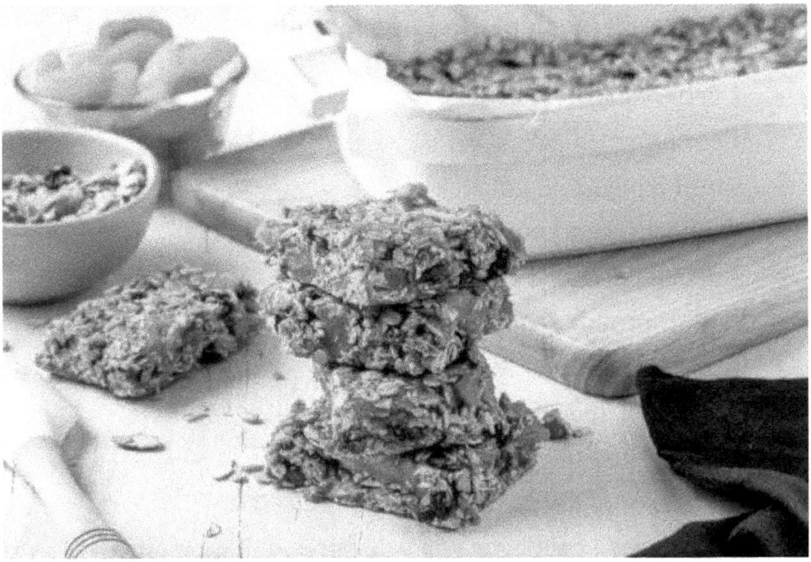

30. Bare proteinash për kek me karrota

Përbërësit:

Për baret:
- Miell tërshërë, 2 gota
- Qumësht pa qumësht, 1 lugë gjelle
- Erëza e përzier, 1 lugë çaji
- Pluhur proteine vanilje, ½ filxhan
- Karota, ½ filxhan, të grira
- Kanellë, 1 lugë gjelle
- Miell kokosi, ½ filxhan, i situr
- Shurup orizi kafe, ½ filxhan
- Ëmbëlsues i grimcuar sipas dëshirës, 2 lugë gjelle
- Gjalpë bajame, ¼ filxhan

Për Frosting:
- Pluhur proteine vanilje, 1 lugë
- Qumësht kokosi, 2-3 lugë gjelle
- Krem djathi, ¼ filxhan

Metoda:

f) Për të përgatitur bare proteinash kombinoni miellin me erëza të përziera, pluhur proteinash, kanellë dhe ëmbëlsues.

g) Në një tjetër, por përzieni gjalpin me ëmbëlsuesin e lëngshëm dhe vendoseni në mikrovalë për disa sekonda derisa të shkrihet.

h) Transferoni këtë përzierje në tasin me miell dhe përzieni mirë.

i) Tani shtoni karotat dhe palosni butësisht.

j) Tani shtoni gradualisht qumështin, duke e përzier vazhdimisht derisa të arrihet konsistenca e kërkuar.

k) Transferoni në një tigan të përgatitur dhe vendoseni në frigorifer për 30 minuta.

l) Ndërkohë përgatisni frosting dhe kombinoni pluhurin proteinik me krem djathin.

m) Gradualisht shtoni qumështin dhe përzieni mirë për të marrë strukturën e dëshiruar.
n) Kur përzierja të jetë vendosur, priteni në shirita të gjatësisë që dëshironi dhe bëni shkumë mbi çdo shufër.

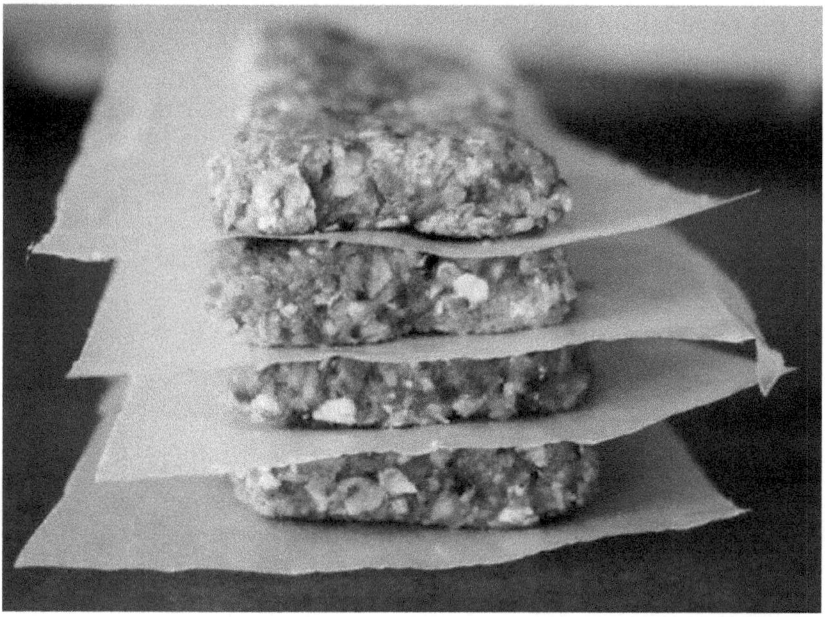

31. Bare Portokalli dhe Goji Berry

Përbërësit:
- Pluhur i proteinës së hirrës së vaniljes, ½ filxhan
- Lëkurë portokalli, 1 lugë gjelle, e grirë
- Bajame të bluara, ¾ filxhan
- 85% çokollatë e zezë, 40 g, e shkrirë
- Qumësht kokosi, ¼ filxhan
- Miell kokosi, ¼ filxhan
- Pluhur djegës, 1 lugë çaji
- Esencë vanilje, 1 lugë gjelle
- Manaferrat Goji, ¾ filxhan

Metoda:
g) Kombinoni pluhur proteinash me miell kokosi në një tas.
h) Shtoni përbërësit e mbetur në përzierjen e miellit.
i) Përzieni qumështin dhe përzieni mirë.
j) Formoni forma shufrash nga brumi dhe rregulloni në një fletë.
k) Shkrini çokollatën dhe e ftohni për disa minuta, më pas zhytni çdo copë në çokollatë të shkrirë dhe vendoseni në tepsi.
l) Lëreni në frigorifer derisa çokollata të jetë plotësisht e fortë.
m) Kënaquni.

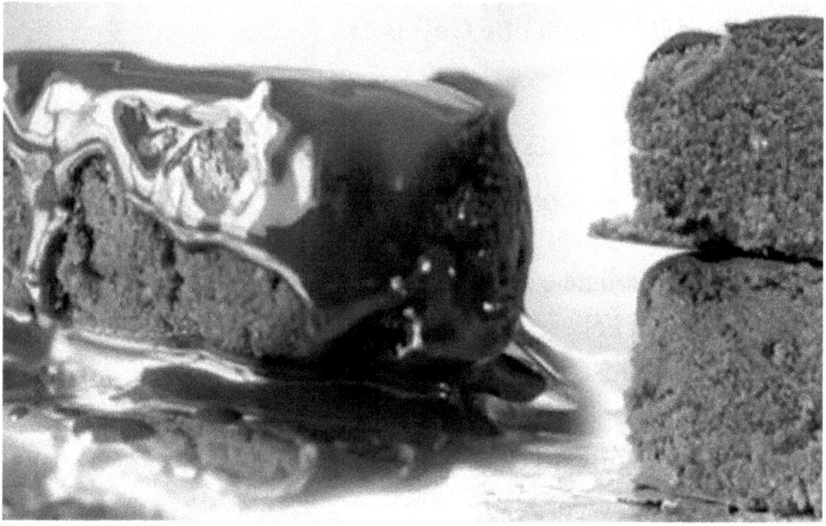

32. Bar Protein e pjekur me luleshtrydhe

Përbërësit:
- Luleshtrydhe të thara në ngrirje, 60 g
- Vanilje, ½ lugë çaji
- Kokos i grirë pa sheqer, 60 g
- Qumësht bajamesh pa sheqer, 60 ml
- Pluhur proteine Whey pa aromë, 60 g çokollatë e zezë, 80 g

Metoda:

j) Përpunoni luleshtrydhet e thata derisa të bluhen dhe më pas shtoni hirrën, vaniljen dhe kokosin. Përpunoni përsëri derisa të formohet një përzierje e bluar mirë.

k) Përzieni qumështin në përzierje dhe përpunojeni derisa gjithçka të përfshihet mirë.

l) Rreshtoni një tepsi me letër dylli dhe transferojeni përzierjen në të.

m) Përdorni një shpatull për të përhapur në mënyrë të barabartë përzierjen.

n) Lëreni në frigorifer derisa masa të vendoset.

o) Vendoseni çokollatën e zezë në mikrovalë për 30 sekonda. E trazojmë mirë derisa të jetë e lëmuar dhe të shkrihet plotësisht.

p) Lëreni çokollatën të ftohet pak dhe ndërkohë prisni përzierjen e luleshtrydheve në tetë shufra të trashësisë së dëshiruar.

q) Tani një nga një zhytni çdo shufër në çokollatë dhe lyejeni mirë.

r) Rregulloni shufrat e veshura në një fletë pjekjeje. Pasi të jenë veshur të gjitha shufrat, vendosini në frigorifer derisa çokollata të jetë e fortë dhe e fortë.

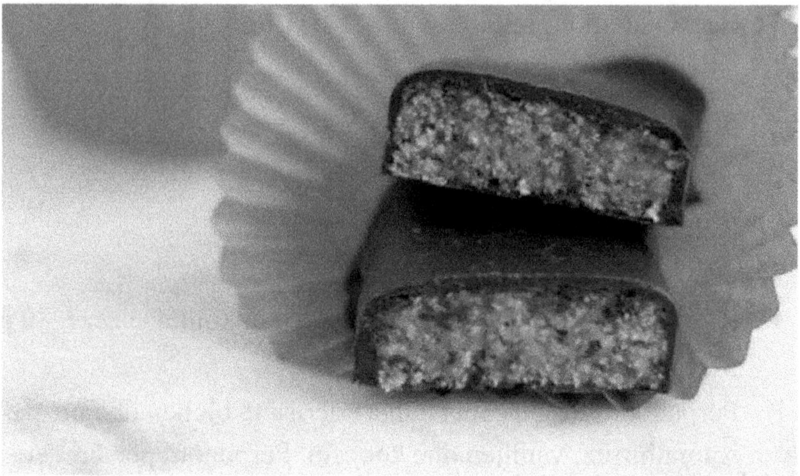

33. Bare Proteinash Moka

Përbërësit:
- Miell bajamesh, 30 gr
- Miell kokosi, 30 gr
- Espresso, 60 g, i sapokrijuar dhe i ftohur
- Izolat i proteinës së hirrës pa aromë, 60 g
- Sheqer kokosi, 20 g
- Pluhur kakao pa sheqer, 14 g
- Çokollatë e zezë me 70%-85% lëndë të ngurta kakao, 48 g

Metoda:
d) Kombinoni të gjithë përbërësit e thatë së bashku.
e) E trazojmë ekspreso dhe e trazojmë mirë që të kombinohen duke mos lënë gunga.
f) Përzierja do të kthehet në një top të lëmuar në këtë pikë.
g) Ndani atë në gjashtë pjesë të madhësisë së njëjtë dhe formoni secilën pjesë në shirit. Rregulloni shufrat në një fletë dhe mbulojeni me plastikë. Lëreni në frigorifer për një orë.
h) Pasi të jenë vendosur shufrat, vendoseni në mikrovalë çokollatën e zezë dhe përzieni derisa të shkrihet.
i) Lyejeni çdo shufër me çokollatë të shkrirë dhe vendoseni në një tepsi të veshur me dylli.
j) Hidhni sipër çokollatën e mbetur në formë rrotullimi dhe vendoseni përsëri në frigorifer derisa çokollata të jetë e fortë.

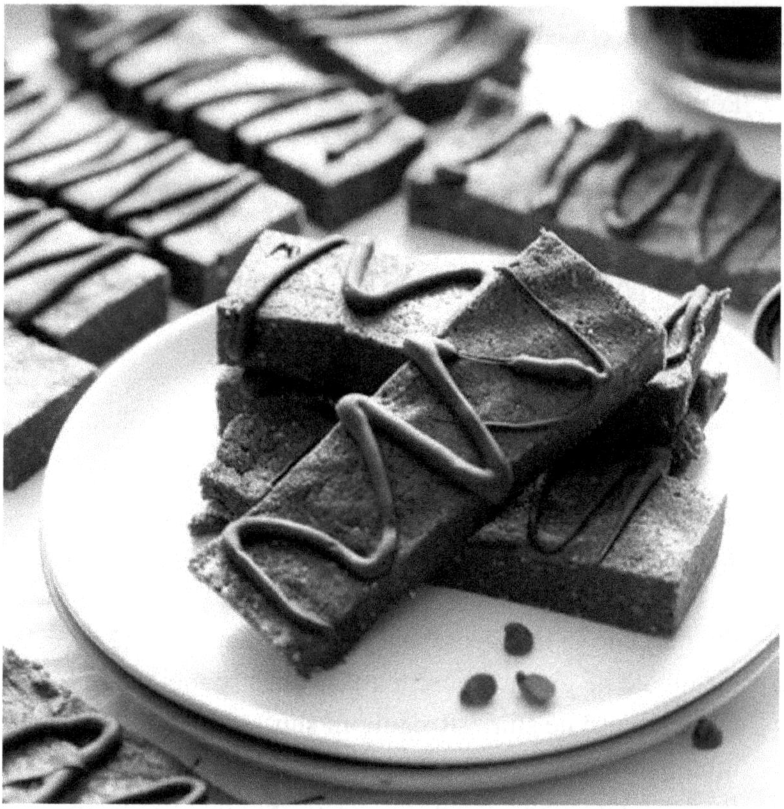

34. Bare proteinash me çokollatë me banane

Përbërësit:
- Banane e tharë në ngrirje, 40 g
- Qumësht bajame, 30 ml
- Izolat pluhur proteine me shije banane, 70 g
- 100% gjalpë kikiriku, 25 g
- Tërshërë të mbështjellë pa gluten, 30 g
- 100% çokollatë, 40 g
- Ëmbëlsues, për shije

Metoda:
f) Banane e bluar në përpunues ushqimi. Tani shtoni pluhur proteine dhe tërshërë, përpunoni përsëri derisa të bluajeni imët.
g) Përziejini përbërësit e mbetur përveç çokollatës dhe përpunojeni përsëri derisa të jetë e qetë.
h) Transferoni përzierjen në një tepsi të shtruar dhe mbulojeni me plastikë. Lëreni në frigorifer derisa të forcohet.
i) Kur shufrat të jenë vendosur, pritini në katër shufra.
j) Tani shkrini çokollatën në mikrovalë dhe lëreni të ftohet pak para se të zhytni çdo banane në të. I lyejmë mirë dhe i vendosim sërish në frigorifer deri sa çokollata të jetë e fortë.

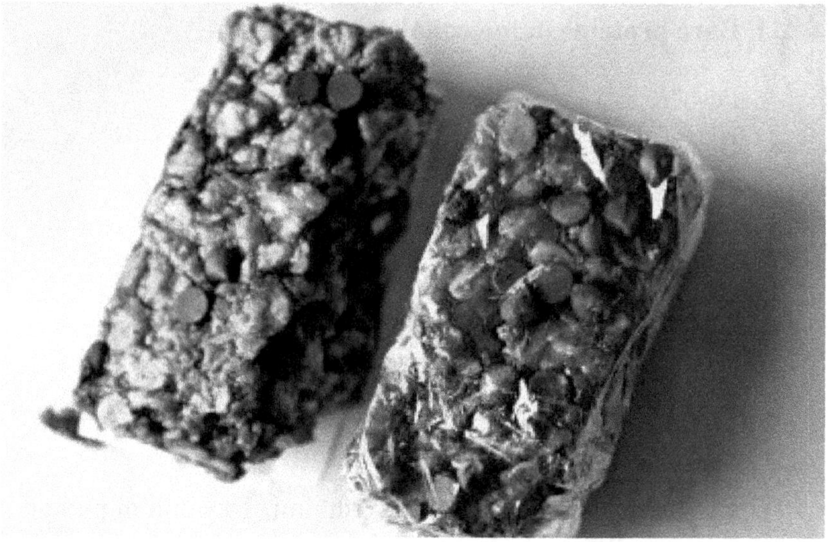

35. Bare të papërpunuara qiellore

Përbërësit:

- Qumësht kokosi, 2 lugë gjelle
- Pluhur kakao pa sheqer, sipas nevojës
- Pluhur proteinash, 1 ½ lugë
- Miell fara liri, 1 lugë gjelle

Metoda:

a) Kombinoni të gjithë përbërësit së bashku.
b) Lyejeni një tavë pjekjeje me sprej gatimi pa masë dhe vendoseni brumin në të.
c) Lëreni përzierjen të qëndrojë në temperaturën e dhomës derisa të jetë e fortë.

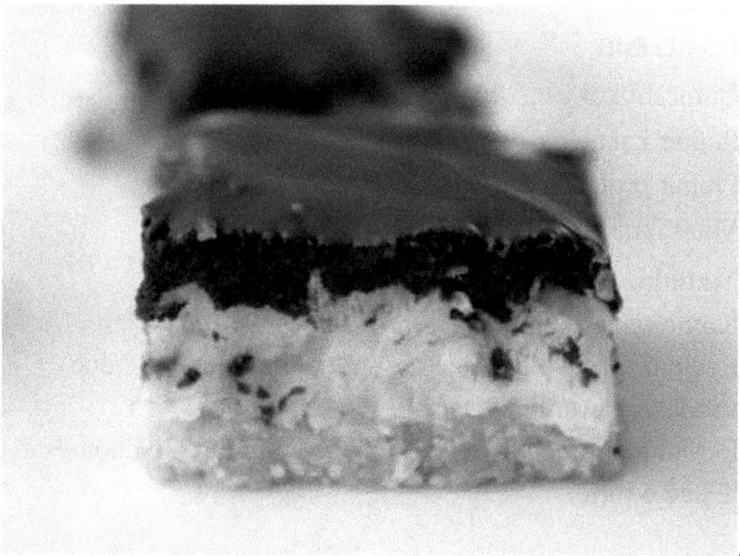

36. Bare përbindësh

- 1/2 c. gjalpë, i zbutur
- 1 c. sheqer kaf, i paketuar
- 1 c. sheqer
- 1-1/2 c. gjalpë kikiriku kremoz
- 3 vezë, të rrahura
- 2 t. ekstrakt vanilje
- 2 t. sode buke
- 4-1/2 c. tërshërë që gatuhet shpejt, e papjekur
- 1 c. patate të skuqura çokollatë gjysmë të ëmbla
- 1 c. çokollata të veshura me karamele

g) Në një tas të madh, përzieni së bashku të gjithë përbërësit sipas renditjes. Përhapeni brumin në një tavë pelte të lyer me yndyrë 15"x10".
h) Piqeni në 350 gradë për 15 minuta, ose derisa të marrë një ngjyrë të lehtë të artë.
i) Ftoheni dhe priteni në shufra. Bën rreth 1-1/2 duzinë.

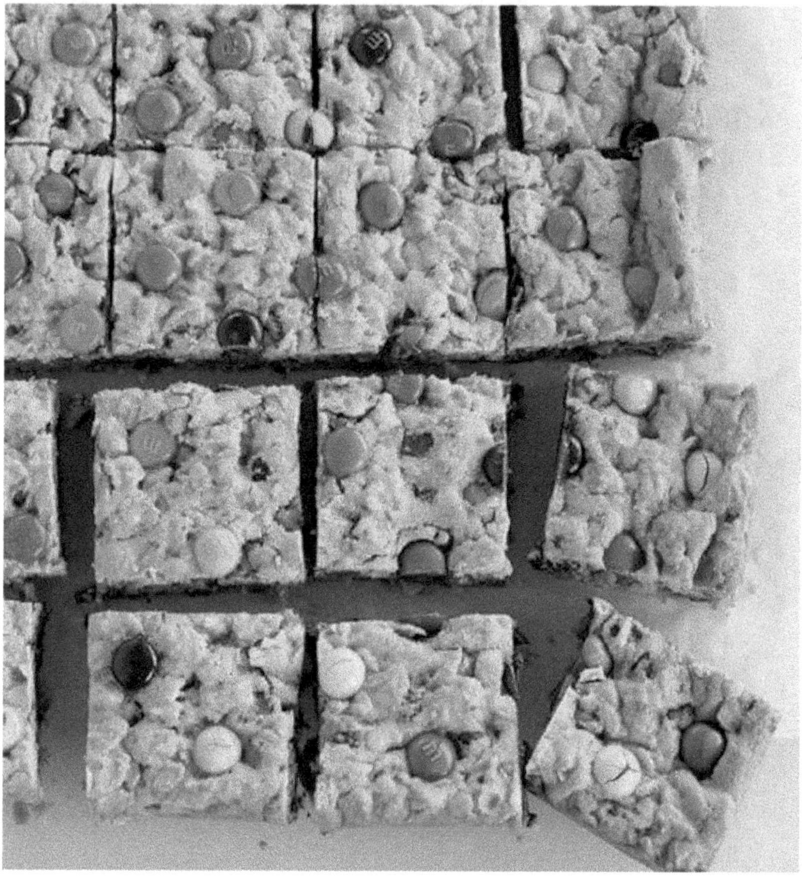

37. Boronica Crumble Bars

- 1-1/2 c. sheqer, i ndarë
- 3 c. miell për të gjitha përdorimet
- 1 t. pluhur për pjekje
- 1/4 t. kripë
- 1/8 t. kanellë
- 1 c. shkurtimi
- 1 vezë e rrahur
- 1 T. niseshte misri
- 4 c. boronica

a) Përziejini së bashku një filxhan sheqer, miellin, pluhurin për pjekje, kripën dhe kanellën.
b) Përdorni një prestar pastë ose pirun për të prerë në prerje dhe vezë; brumi do të jetë i thërrmuar.
c) Lyejeni gjysmën e brumit në një tavë të lyer me yndyrë 13"x9"; lënë mënjanë.
d) Në një tas të veçantë, përzieni së bashku niseshtën e misrit dhe sheqerin e mbetur; dele butësisht në manaferrat.
e) Spërkateni përzierjen e boronicës në mënyrë të barabartë mbi brumë në tigan.
f) Thërrmoni brumin e mbetur sipër. Piqeni në 375 gradë për 45 minuta, ose derisa sipër të marrë një ngjyrë të lehtë të artë. Ftoheni plotësisht përpara se ta prisni në katrorë. Bën një duzinë.

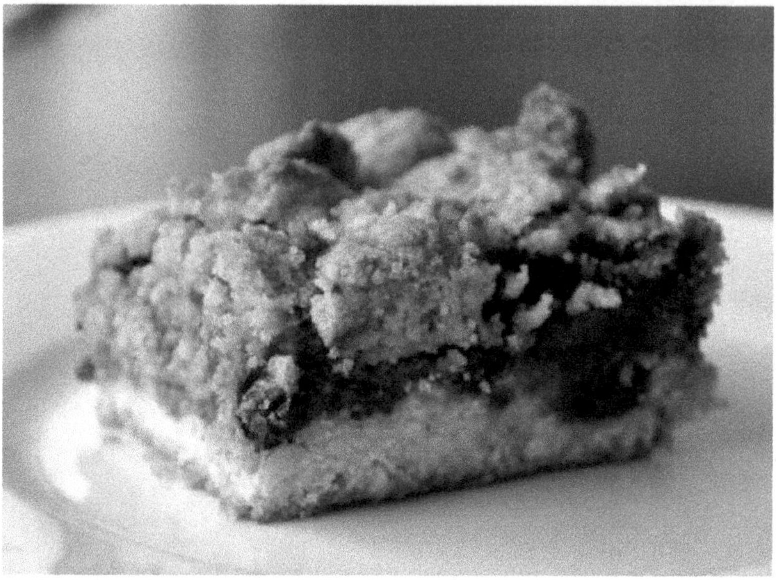

38. Bare Gumdrop

- 1/2 c. gjalpë, i shkrirë
- 1/2 t. pluhur për pjekje
- 1-1/2 c. sheqer kaf, i paketuar
- 1/2 t. kripë
- 2 vezë, të rrahura
- 1/2 c. arra të copëtuara
- 1-1/2 c. miell për të gjitha përdorimet
- 1 c. gomçakëz, të copëtuara
- 1 t. ekstrakt vanilje
- Garniturë: sheqer pluhur

f) Në një tas të madh, përzieni së bashku të gjithë përbërësit përveç sheqerit pluhur.

g) E shtrijmë brumin në një tavë të lyer me yndyrë dhe miell 13"x9". Piqeni në 350 gradë për 25 deri në 30 minuta, derisa të marrin ngjyrë të artë.

h) Spërkateni me sheqer pluhur. Ftohtë; prerë në shufra. Bën 2 duzina.

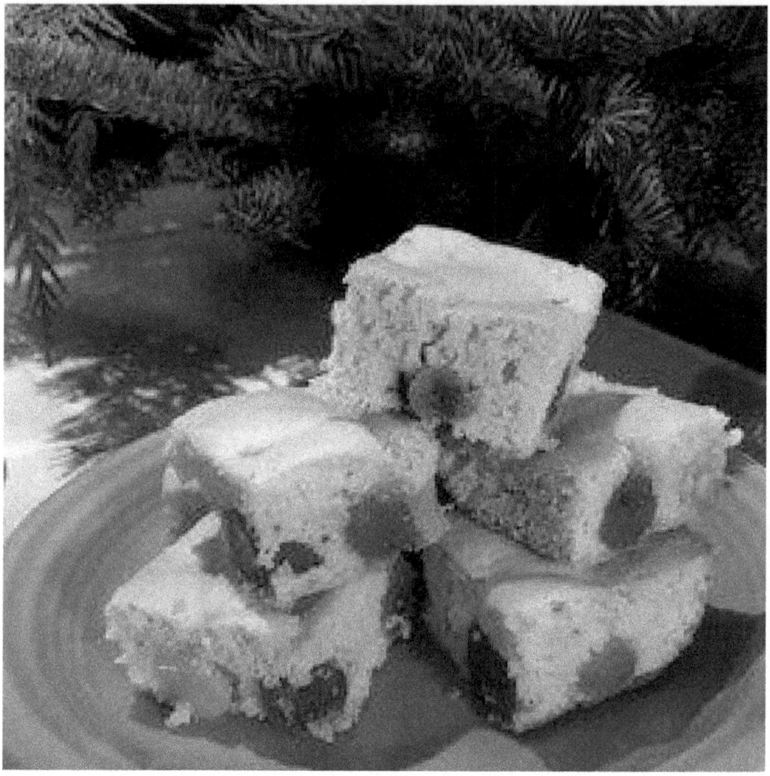

39. Bare me rrotull me arrat e kripura

- 18-1/2 oz. pkg. përzierje e tortës së verdhë
- 3/4 c. gjalpë, i shkrirë dhe i ndarë
- 1 vezë e rrahur
- 3 c. mini marshmallows
- 10-oz. pkg. patate të skuqura gjalpë kikiriku
- 1/2 c. shurup misri i lehtë
- 1 t. ekstrakt vanilje
- 2 c. kikirikë të kripur
- 2 c. drithëra krokante orizi

b) Në një tas, përzieni së bashku përzierjen e thatë të kekut, 1/4 filxhan gjalpë dhe vezën; shtypni brumin në një tavë të lyer me yndyrë 13"x9". Piqeni në 350 gradë për 10 deri në 12 minuta.

c) Spërkatni marshmallows mbi koren e pjekur; kthejeni në furrë dhe piqni për 3 minuta të tjera, ose derisa marshmallows të shkrihen. Në një tenxhere mbi nxehtësinë mesatare, shkrini patatet e skuqura të gjalpit të kikirikut, shurupin e misrit, gjalpin e mbetur dhe vaniljen.

d) Përziejini arra dhe drithërat. Përhapeni përzierjen e gjalpit të kikirikut mbi shtresën e marshmallow. Ftohni derisa të forcohet; prerë në katrorë. Bën 2-1/2 duzinë.

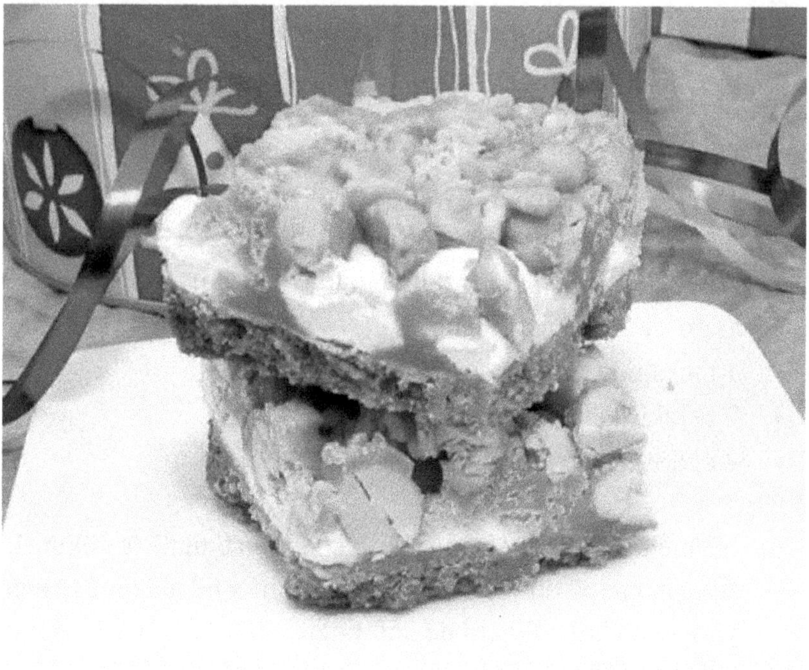

40. Bare qershie të pyllit të zi

- 3 21-oz. kanaçe mbushje byreku me qershi, te ndara
- 18-1/2 oz. pkg. përzierje për kek me çokollatë
- 1/4 c. vaj
- 3 vezë të rrahura
- 1/4 c. raki me shije qershie ose lëng qershie
- 6-oz. pkg. patate të skuqura çokollatë gjysmë të ëmbla
- Opsionale: sipërme e rrahur

f) Lërini në frigorifer 2 kanaçe me mbushje byreku derisa të ftohet. Duke përdorur një mikser elektrik me shpejtësi të ulët, rrihni së bashku kutinë e mbetur të mbushjes së byrekut, përzierjen e thatë të kekut, vajin, vezët dhe lëngun e rakisë ose qershisë derisa të përzihen mirë.
g) Përziejini në copa çokollatë.
h) Hedhim brumin në një tavë pjekjeje të lyer me pak yndyrë 13"x9". Piqni në 350 gradë për 25 deri në 30 minuta, derisa një kruese dhëmbësh të testojë pastërtinë; ftohte. Përpara se ta servirni, shpërndani sipër në mënyrë të barabartë mbushjen e byrekut të ftohtë.
i) Pritini në shufra dhe shërbejini me majë të grirë, sipas dëshirës. Shërben 10 deri në 12.

41. Bare kokoshkash me boronicë

- 3-oz. pkg. kokoshka në mikrovalë, të skuqura
- 3/4 c. patate të skuqura çokollatë të bardhë
- 3/4 c. boronicat e thara të ëmbëlsuara
- 1/2 c. arrë kokosi të ëmbëlsuar
- 1/2 c. bajame të grira, të grira trashë
- 10-oz. pkg. marshmallows
- 3 T. gjalpë

j) Rreshtoni një tavë pjekjeje 13"x9" me letër alumini; spërkateni me llak perimesh që nuk ngjit dhe lëreni mënjanë. Në një tas të madh, hidhni së bashku kokoshkat, patate të skuqura çokollatë, boronicat, kokosin dhe bajamet; lënë mënjanë. Në një tenxhere mbi nxehtësinë mesatare, përzieni marshmallows dhe gjalpin derisa të shkrihen dhe të jenë të lëmuara.
k) Hidhni sipër përzierjen e kokoshkave dhe hidheni të mbulohet plotësisht; transferojeni shpejt në tiganin e përgatitur.
l) Shtroni një fletë letre dylli sipër; shtypni fort. Ftoheni për 30 minuta, ose derisa të jetë e fortë. Ngrini shufrat nga tigani, duke përdorur fletë metalike si doreza; hiqni fletë metalike dhe letër dylli. Pritini në shufra; ftoheni edhe 30 minuta të tjera. Bën 16.

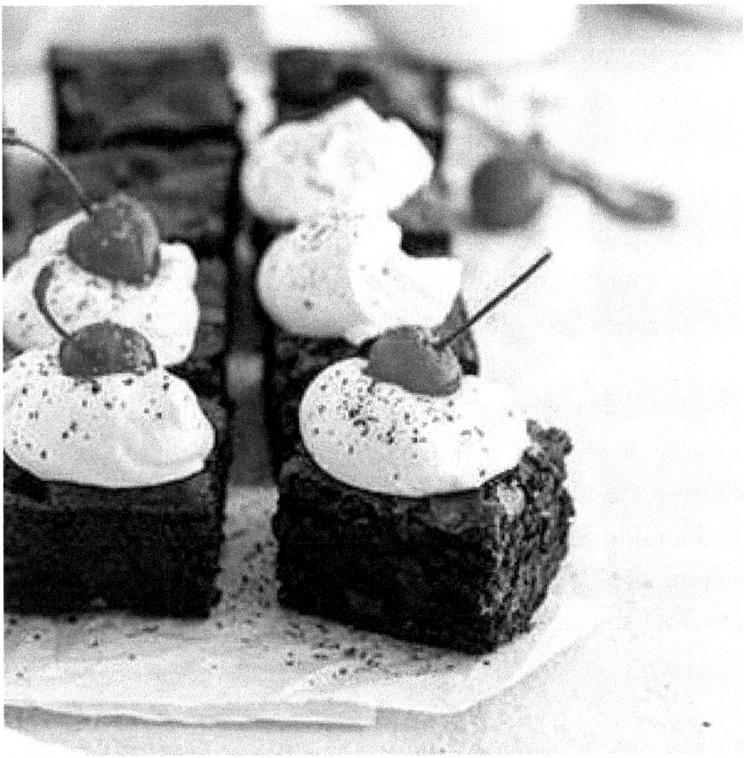

42. Përshëndetje Dolly Bars

- 1/2 c. margarinë
- 1 c. thërrime graham cracker
- 1 c. arrë kokosi të ëmbëlsuar
- 6-oz. pkg. patate të skuqura çokollatë gjysmë të ëmbla
- 6-oz. pkg. patate të skuqura gjalpë
- 14-oz. mund të qumështit të kondensuar të ëmbël
- 1 c. pecans të copëtuara

e) Përziejini së bashku thërrimet e margarinës dhe grahamit; shtypni në një tavë pjekjeje të lyer me pak yndyrë 9"x9". Shtresë me arrë kokosi, çokollatë dhe patate të skuqura gjalpë.

f) Hidhni qumësht të kondensuar sipër; spërkatni me pecans. Piqeni në 350 gradë për 25 deri në 30 minuta. Lëreni të ftohet; prerë në shufra. Bën 12 deri në 16.

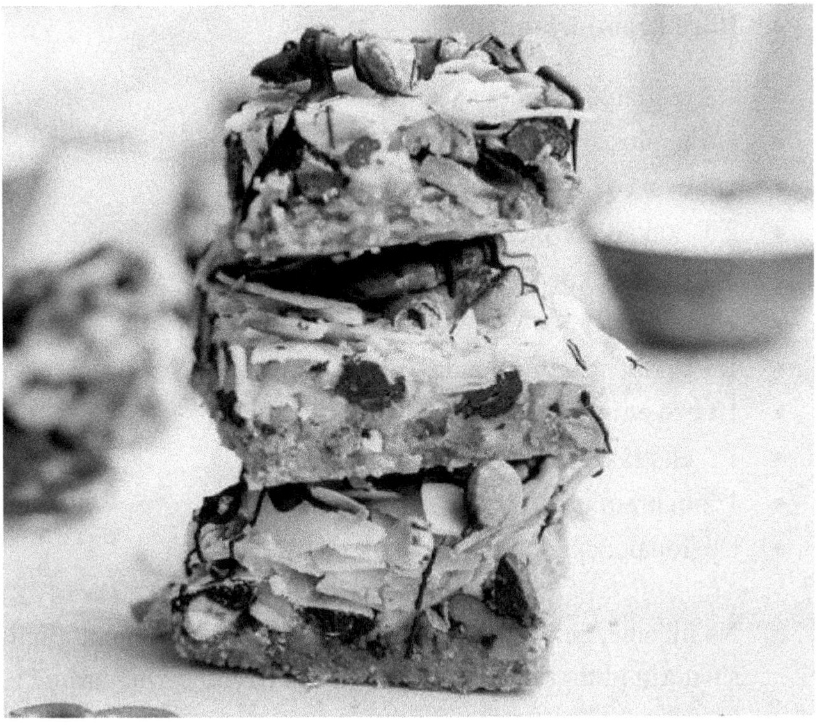

43. Bare kremi irlandez

- 1/2 c. gjalpë, i zbutur
- 3/4 c. plus 1 T. miell për të gjitha përdorimet, i ndarë
- 1/4 c. sheqer pluhur
- 2 T. kakao për pjekje
- 3/4 c. salcë kosi
- 1/2 c. sheqer
- 1/3 c. Liker krem irlandez
- 1 vezë e rrahur
- 1 t. ekstrakt vanilje
- 1/2 c. krem pana
- Opsionale: spërkatje me çokollatë

e) Në një enë, përzieni së bashku gjalpin, 3/4 e filxhanit miell, sheqerin pluhur dhe kakaon derisa të formohet një brumë i butë.
f) Shtypeni brumin në një tavë pjekjeje të palyer 8"x8". E pjekim ne 350 grade per 10 minuta.
g) Ndërkohë, në një tas të veçantë, rrihni miellin e mbetur, kosin, sheqerin, likerin, vezën dhe vaniljen.
h) Përziejini mirë; derdhet sipër shtresës së pjekur. Kthejeni në furrë dhe piqni edhe 15 deri në 20 minuta të tjera, derisa të jetë vendosur mbushja.
i) Ftoheni pak; vendoseni në frigorifer të paktën 2 orë përpara se ta prisni në shufra. Në një tas të vogël, me një mikser elektrik me shpejtësi të lartë, rrihni kremin pana deri sa të formohen maja të forta.
j) Shërbejini shufrat të mbushura me kukulla me krem pana dhe spërkatini, nëse dëshironi.
k) Mbajeni në frigorifer. Bën 2 duzina.

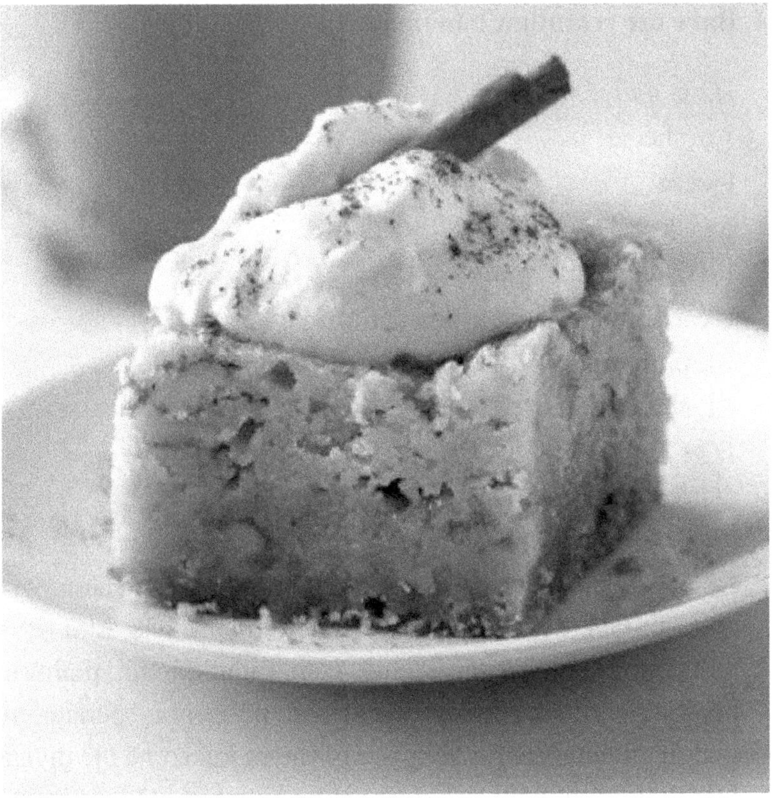

44. Bare me rrotullim bananeje

- 1/2 c. gjalpë, i zbutur
- 1 c. sheqer
- 1 vezë
- 1 t. ekstrakt vanilje
- 1-1/2 c. banane, pure
- 1-1/2 c. miell për të gjitha përdorimet
- 1 t. pluhur për pjekje
- 1 t. sode buke
- 1/2 t. kripë
- 1/4 c. pjekje kakao

e) Në një tas, rrihni së bashku gjalpin dhe sheqerin; shtoni vezën dhe vaniljen. Përziejini mirë; përzieni me banane. Lini mënjanë. Në një tas të veçantë, kombinoni miellin, pluhurin për pjekje, sodën e bukës dhe kripën; përzieni në përzierjen e gjalpit. Ndani brumin në gjysmë; shtoni kakao në një gjysmë.

f) Derdhni brumin e thjeshtë në një tavë pjekjeje të lyer me yndyrë 13"x9"; lugë brumë çokollate sipër. Rrotulloni me një thikë tavoline; e pjekim ne 350 grade per 25 minuta.

g) Ftohtë; prerë në shufra. Bën 2-1/2 deri në 3 duzina.

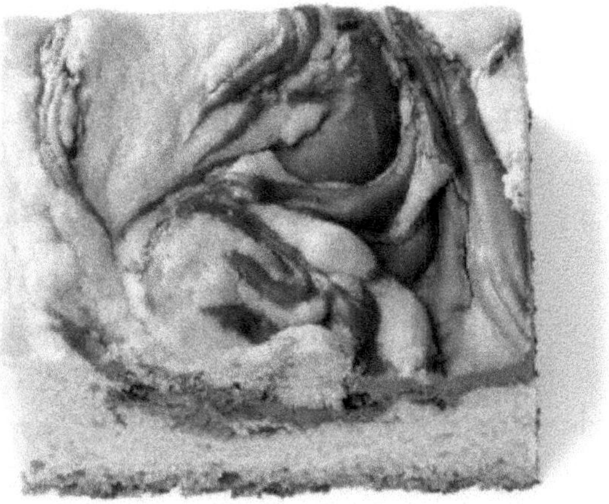

45. Bare me qumështor me kungull

- 16-oz. pkg. paund përzierje keku
- 3 vezë, të ndara
- 2 T. margarinë e shkrirë dhe e ftohur pak
- 4 t. Erëza e byrekut me kungull, e ndarë
- 8-oz. pkg. krem djathi, i zbutur
- 14-oz. mund të qumështit të kondensuar të ëmbël
- 15-oz. mund kungull
- 1/2 t. kripë

e) Në një tas të madh, kombinoni përzierjen e thatë të kekut, një vezë, margarinë dhe 2 lugë çaji erëz byreku me kungull; përzieni derisa të bëhet e thërrmuar. Shtypeni brumin në një tavë pelte të lyer me yndyrë 15"x10". Në një tas të veçantë, rrihni kremin e djathit derisa të bëhet me gëzof.

f) Rrihni në qumështin e kondensuar, kungullin, kripën dhe vezët e mbetura dhe erëzat. Përziejini mirë; përhapur mbi kore. Piqeni në 350 gradë për 30 deri në 40 minuta. Ftohtë; vendoseni në frigorifer përpara se ta prisni në shufra. Bën 2 duzina.

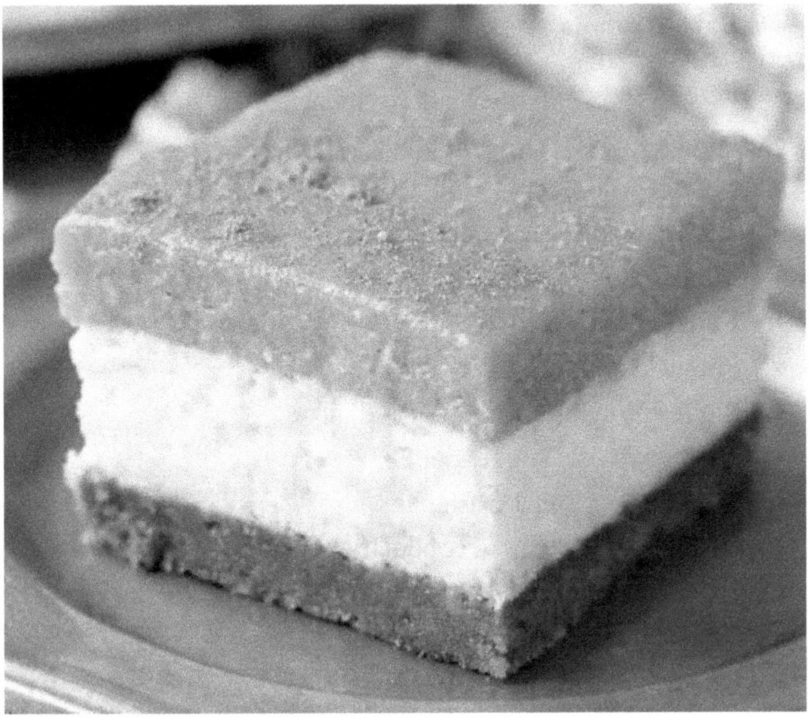

46. Bare Granola

Përbërësit:

- Farat e kungullit, ½ filxhan
- Mjaltë, ¼ filxhan
- Farat e kërpit. 2 lugë gjelle
- Miell kokosi, ½ filxhan
- Kanellë, 2 lugë çaji
- Pluhur Angjinarja, 1 lugë gjelle
- Pluhur proteine vanilje, ¼ filxhan
- Gjalpë kokosi, 2 lugë gjelle
- Manaferrat Goji, 1/3 filxhan
- Fëstëkë, ½ filxhan, të copëtuar
- Kripë, një majë
- Vaj kokosi, 1/3 filxhan
- Qumësht kërpi, 1/3 filxhan
- Fasule vanilje, 1
- Fara Chia, 2 lugë gjelle thekon kokosi, 1/3 filxhan

Metoda:

k) Kombinoni të gjithë përbërësit së bashku dhe shpërndani në mënyrë të barabartë në një tavë terine.
l) Lëreni në frigorifer për një orë.
m) Kur të jetë e fortë dhe e fortë, priteni në shufra të gjatësisë që dëshironi dhe shijoni.

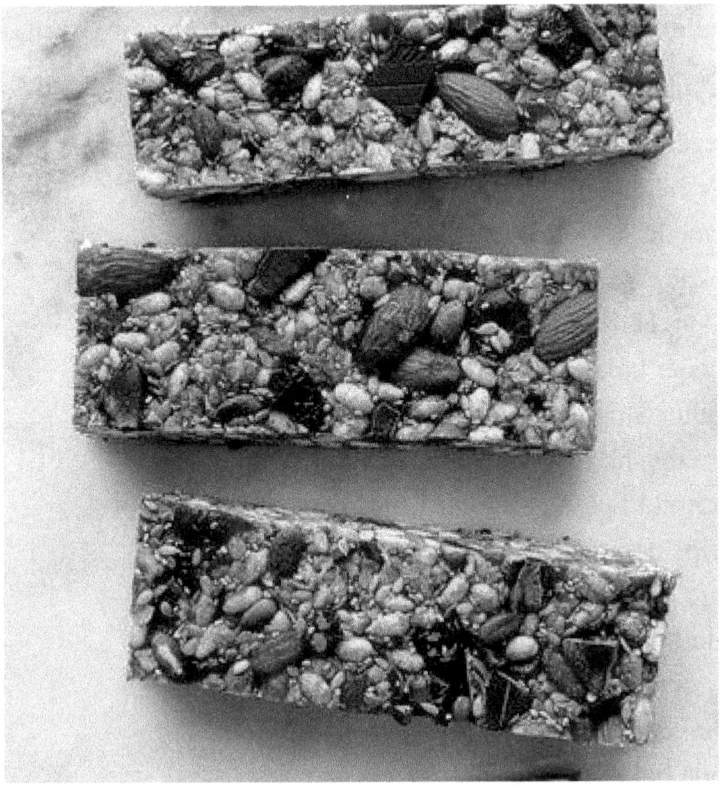

47. Bollgur kungull AnytimeSquares

Përbërësit:
- Vezë liri, 1 (1 lugë gjelle liri i bluar i përzier me 3 lugë ujë)
- Tërshërë të mbështjellë pa gluten, ¾ filxhan
- Kanellë, 1 ½ lugë çaji
- Pekan, ½ filxhan, përgjysmuar
- Xhenxhefil i bluar, ½ lugë çaji
- Sheqer kokosi, ¾ filxhan
- Pluhur Shigjeta, 1 lugë gjelle
- Arrëmyshk i bluar, 1/8 lugë çaji
- Ekstrakt i pastër vanilje, 1 lugë çaji
- Kripë deti rozë Himalaje, ½ lugë çaji
- Pure kungull i konservuar pa sheqer, ½ filxhan
- Miell bajamesh, ¾ filxhan
- Miell tërshërë të mbështjellë, ¾ filxhan
- Mini çokollatë pa ditar, 2 lugë gjelle
- Sodë buke, ½ lugë çaji

Metoda:
e) Ngrohni furrën në 350 F.
f) Rreshtoni një tavë katrore me letër dylli dhe mbajeni mënjanë.
g) Kombinoni vezën e lirit në një filxhan dhe lëreni të qëndrojë për 5 minuta.
h) Rrihni purenë me sheqerin dhe shtoni vezën e lirit dhe vaniljen. Rrihni përsëri për t'u bashkuar.
i) Tani shtoni sodën e bukës e ndjekur nga kanellë, arrëmyshk, xhenxhefil dhe kripë. Rrahni mirë.
j) Në fund shtoni miellin, tërshërën, shigjetën, pekanin dhe miellin e bajames dhe rrihni derisa të përfshihen plotësisht.
k) Transferoni brumin në tiganin e përgatitur dhe sipër me copa çokollate.
l) Piqeni për 15-19 minuta.

m) Lëreni të ftohet plotësisht përpara se ta nxirrni nga tava dhe ta prisni në feta.

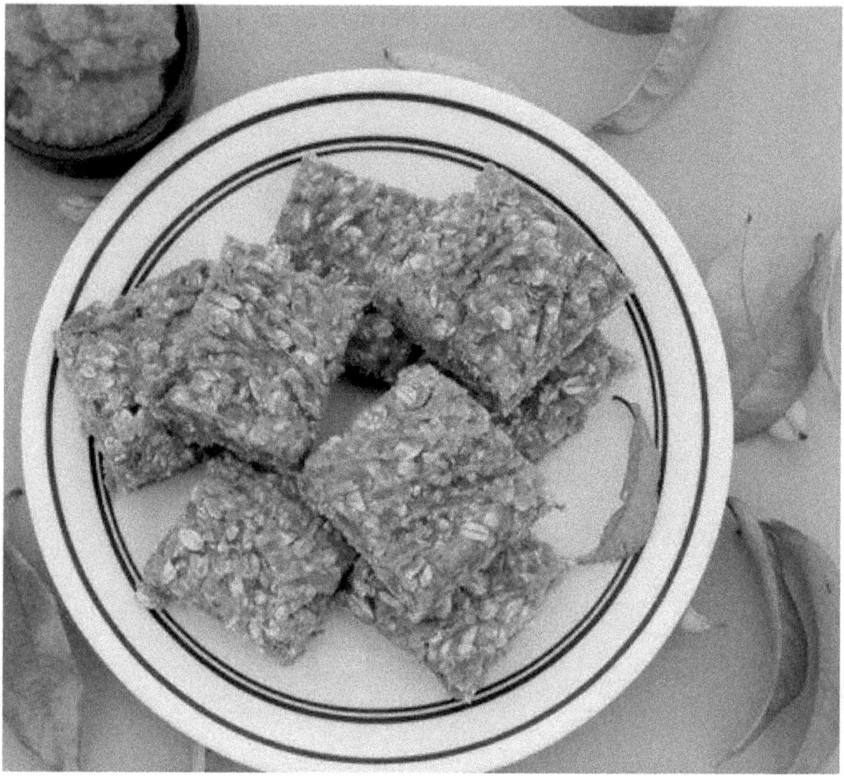

48. Bare kungujsh me kadife të kuqe

Përbërësit:
- Panxhar i vogël i zier, 2
- Miell kokosi, ¼ filxhan
- Gjalp organik i farave të kungullit, 1 lugë gjelle
- Qumësht kokosi, ¼ filxhan
- Hirrë vanilje, ½ filxhan
- 85% çokollatë e zezë, e shkrirë

Metoda:
g) Kombinoni të gjithë përbërësit e thatë, përveç çokollatës.
h) Përzieni qumështin mbi përbërësit e thatë dhe lidhni mirë.
i) Formojeni në shirita me madhësi mesatare.
j) Shkrini çokollatën në mikrovalë dhe lëreni të ftohet për disa sekonda. Tani zhyteni çdo shufër në çokollatë të shkrirë dhe lyejeni mirë.
k) Lëreni në frigorifer derisa çokollata të jetë e fortë dhe e fortë.
l) Kënaquni.

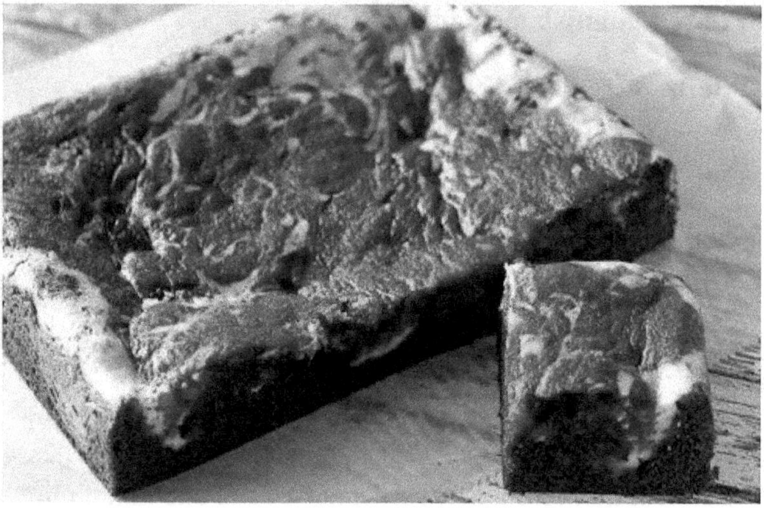

49. Bare limoni me borë

- 3 vezë, të ndara
- 1/3 c. gjalpë, i shkrirë dhe i ftohur pak
- 1 T. lëvore limoni
- 3 T. lëng limoni
- 18-1/2 oz. pkg. përzierje e tortës së bardhë
- 1 c. bajame të copëtuara
- 8-oz. pkg. krem djathi, i zbutur
- 3 c. sheqer pluhur
- Garniturë: sheqer pluhur shtesë

h) Në një tas të madh, bashkoni një vezë, gjalpin, lëkurën e limonit dhe lëngun e limonit. Përzieni përzierjen e thatë të kekut dhe bajamet, duke i përzier mirë. Shtypni brumin në një tavë pjekjeje të lyer me yndyrë 13"x9". E pjekim ne 350 grade per 15 minuta, ose derisa te marrin ngjyre te arte. Ndërkohë, në një enë të veçantë rrihni kremin e djathit derisa të bëhet i lehtë dhe me gëzof; përzieni gradualisht me sheqer pluhur. Shtoni vezët e mbetura, një nga një, duke i përzier mirë pas secilës.

i) Hiqeni tavën nga furra; përhapni përzierjen e djathit krem mbi koren e nxehtë. Piqni për 15 deri në 20 minuta më gjatë, derisa qendra të vendoset; i ftohtë. Spërkateni me sheqer pluhur përpara se ta prisni në shufra. Bën 2 duzina.

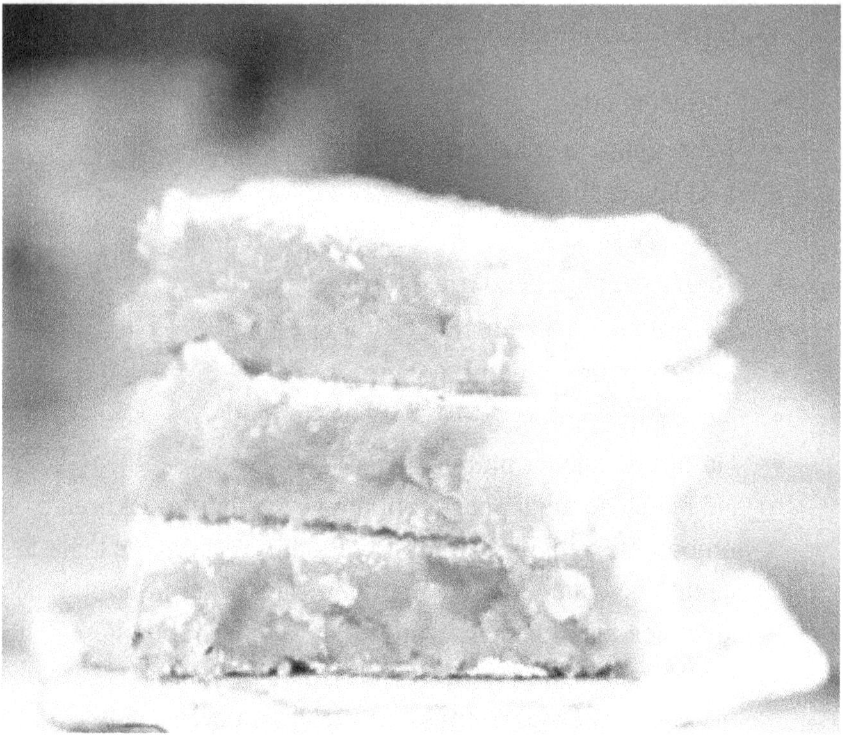

50. Bare Easy Butterscotch

- 12-oz. pkg. patate të skuqura gjalpë, të shkrirë
- 1 c. gjalpë, i zbutur
- 1/2 c. sheqer kaf, i paketuar
- 1/2 c. sheqer
- 3 vezë të rrahura
- 1-1/2 t. ekstrakt vanilje
- 2 c. miell për të gjitha përdorimet

f) Në një tas, kombinoni patate të skuqura gjalpë dhe gjalpë; përzieni mirë. Shtoni sheqernat, vezët dhe vaniljen; përzieni mirë.
g) Përzieni gradualisht në miell. Hedhim brumin në një tavë pjekjeje të lyer me pak yndyrë 13"x9". E pjekim ne 350 grade per 40 minuta.
h) Ftoheni dhe priteni në katrorë. Bën 2 duzina.

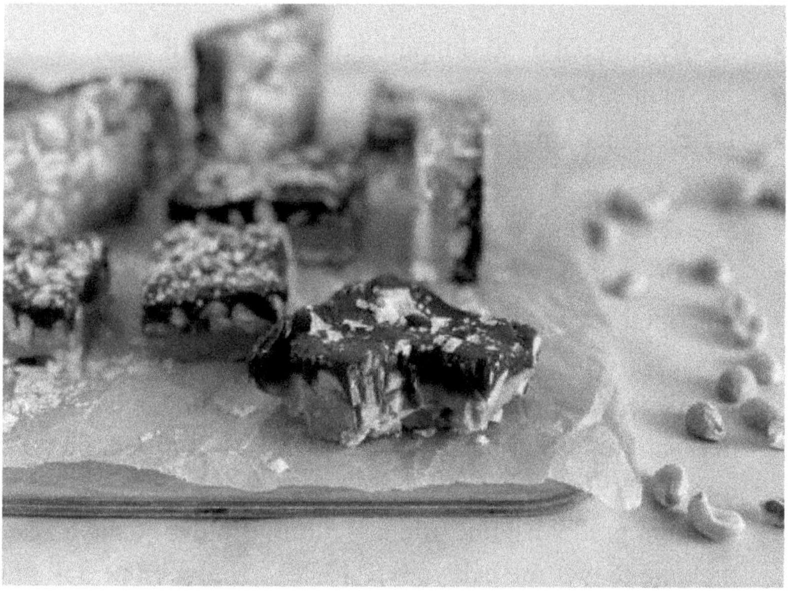

51. Bar Bajame Cherry

Përbërësit:
- Pluhur proteine vanilje, 5 lugë
- Mjaltë, 1 lugë gjelle
- Rrahësit e vezëve, ½ filxhan
- Ujë, ¼ filxhan
- Bajame, ¼ filxhan, të prera në feta
- Ekstrakti i vaniljes, 1 lugë çaji
- Vakt bajamesh, ½ filxhan
- Gjalpë bajame, 2 lugë gjelle
- Qershi të ëmbla të errëta të ngrira, 1 ½ filxhan

Metoda:
a) Ngrohni furrën në 350 F.
b) Pritini qershitë dhe shkrini ato.
c) Kombinoni të gjithë përbërësit së bashku duke përfshirë qershitë e shkrira dhe përziejini mirë.
d) Transferoni përzierjen në një tavë të lyer me yndyrë dhe piqeni për 12 minuta.
e) Lëreni të ftohet plotësisht përpara se ta hiqni nga tigani dhe ta prisni në feta.

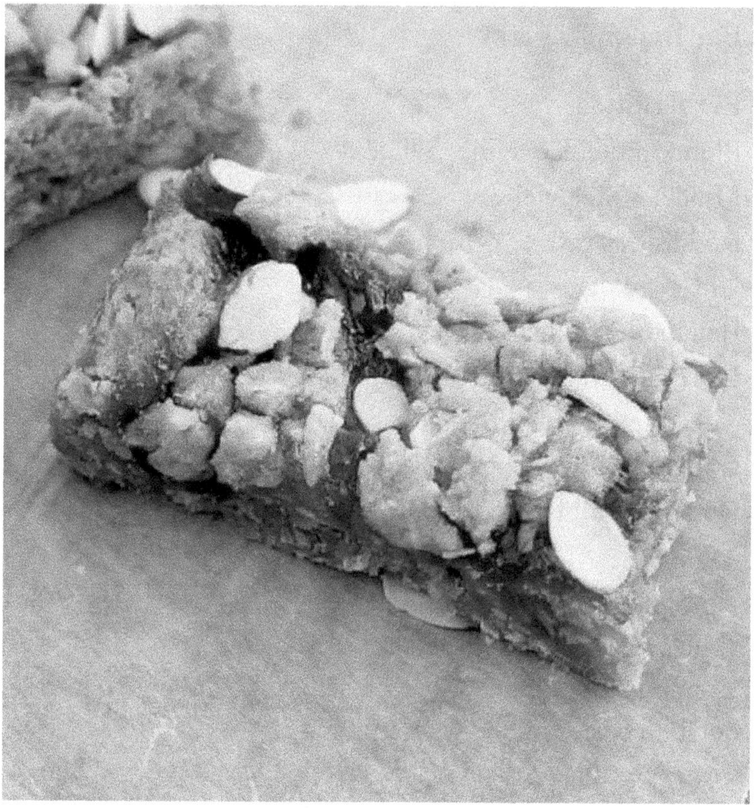

52. Bare Crunch Karamel

Përbërësit:
- 1½ filxhan tërshërë të mbështjellë
- 1½ filxhan miell
- ¾ filxhan sheqer kaf
- ½ lugë çaji sodë buke
- ¼ lugë çaji kripë
- ¼ filxhan gjalpë të shkrirë
- ¼ filxhan gjalpë të shkrirë

Mbushje
- ½ filxhan sheqer kaf
- ½ filxhan sheqer të grimcuar
- ½ filxhan gjalpë
- ¼ filxhan miell
- 1 filxhan arra të grira
- 1 filxhan çokollatë të copëtuar

Drejtimet:
14. Sillni temperaturën e furrës tuaj në 350 F. Vendosni tërshërën, miellin, kripën, sheqerin dhe sodën e bukës në një tas dhe përzieni mirë. Hidhni në të gjalpin tuaj dhe gjalpin e zakonshëm dhe përziejeni derisa të formojë thërrime.
15. Lëreni mënjanë të paktën një filxhan nga këto thërrime për zbukurim më vonë.
16. Tani përgatisni tavën duke e lyer me një sprej dhe më pas vendosni përzierjen e tërshërës në pjesën e poshtme të tavës.
17. E fusim në furrë dhe e pjekim për pak kohë, e më pas e heqim pasi të ketë marrë ngjyrë kafe dhe e lëmë të ftohet. Më pas është përgatitja e karamelit.
18. Bëjeni këtë duke përzier gjalpin dhe sheqerin në një tenxhere me fund të trashë për të shmangur djegien e shpejtë. Lëreni të marrë flluskë më pas pasi të shtoni miellin. Kthehuni te baza e tërshërës, shtoni arrat e përziera dhe çokollatën e ndjekur nga karamelin që sapo keni bërë dhe më pas, në fund, mbulojeni me thërrimet shtesë që keni lënë mënjanë.

19. E vendosim sërish në furrë dhe e lëmë të piqet derisa shufrat të marrin ngjyrë të artë, e cila do të zgjasë për rreth 20 minuta.
20. Pas pjekjes, ftojeni para se ta prisni në çfarëdo madhësie që dëshironi.

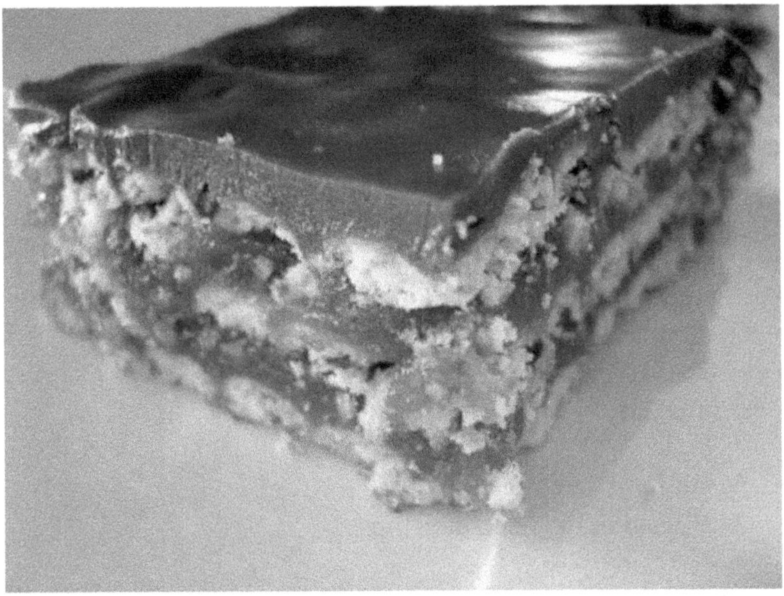

53. Bare kokoshkash të gatuara dy herë

Përbërësit:

- 8 lugë gjelle me gjalpë
- 6 filxhanë marshmallow ose mini marshmallows
- 5 lugë gjelle gjalpë arre
- 8 cups popped caramel corn ose popcorn
- 1 sur arra, të copëtuara
- 1 filxhan mini chocolate chips

Për mbushje:

- ½ sur mini marshmallows
- ½ filxhan mini chocolate chips

Drejtimet

4. Ngrohni furrën në 350 gradë F.
5. Mbuloni pjesën e poshtme të një hapësire katrore 9 inç me letër të përpunuar.
6. Në një tenxhere të madhe shkrini gjalpin. Shtoni marshmallows dhe trazojeni derisa të shkrihet plotësisht. Përzieni gjalpin e reaut.
7. Shtoni mishin dhe përziejeni derisa të njomet në mënyrë të barabartë. Përhapeni gjysmën e përzierjes në ranë pararore. Me duar të pastra, hidhni kokoshkat dhe përpiquni t'i bëni edhe ato të trasha.
8. Spërkateni me arrat dhe copëzat e çokollatës.
9. Shtypni përzierjen e mbetur të rosorn mbi arrat dhe çokollatën.
10. I spërkasim me marshmallowët e mbetur dhe i lyejmë dhe i vendosim në furrë për 5-7 minuta.
11. Lëreni të ftohet dhe më pas futeni në frigorifer përpara se ta prisni.

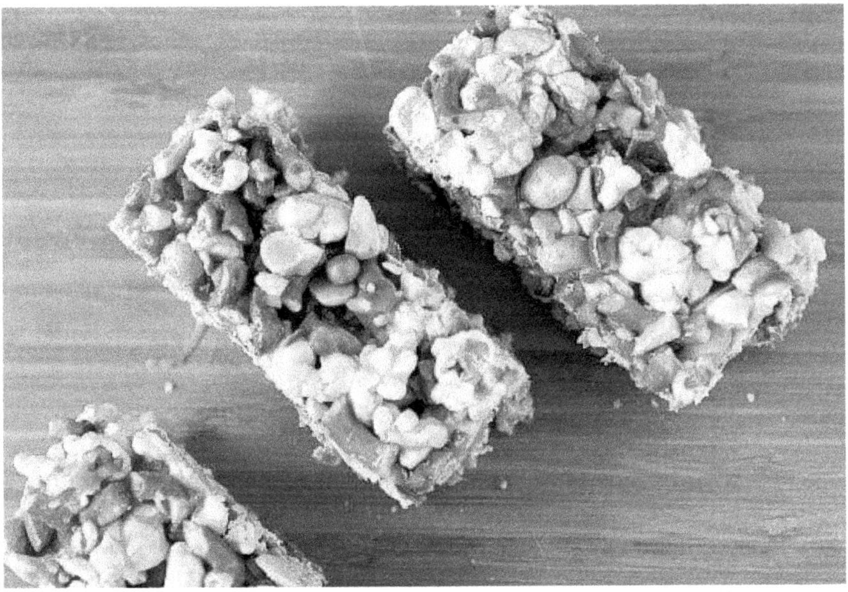

54. No-Bake Cookie Bars
Përbërësit:

- 1/2 filxhan gjalpë të shkrirë
- 1 ½ cups Graham cracker srumbs
- Sheqeri i një kile konfectioners (3 deri në 3 1/2 gota)
- 1 ½ filxhan gjalpë reanut
- 1/2 gjalpë sur, i shkrirë
- 1 (12 ounces) thes qumësht chocolate chips

Drejtimet:
6. Kombinoni grimcat e krisur Graham, sheqerin dhe gjalpin e kikirikut; përzieni mirë.
7. Përzieni me gjalpin e shkrirë të kanabisit derisa të kombinohet mirë.
8. Shtypni përzierjen në mënyrë të barabartë në një hapësirë 9 x 13 inç.
9. Shkrini çokollatën chips në microwave или në një kazan të dyfishtë.
10. Përhapeni mbi përzierjen e gjalpit të reaut.
11. Ftohni derisa thjesht të vendoset dhe priteni në bars. (Këto janë shumë të vështira për t'u prerë nëse çokollata bëhet "e fortë e fortë " .)

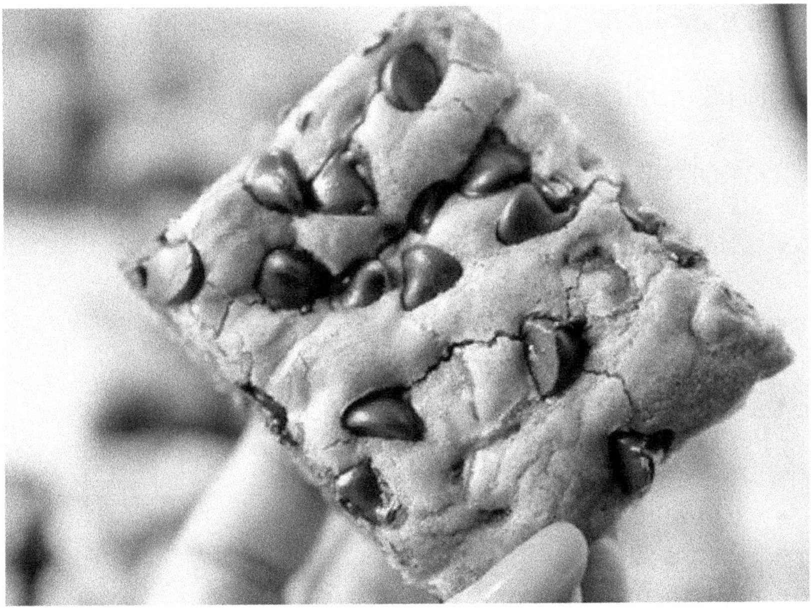

55. Bare me limon bajamesh

Rendimenti: 32 bare limoni

Përbërësit:

- 1/4 filxhan sheqer të grimcuar
- 3/4 filxhan gjalpë të mbushur me kanabis (shpesh)
- 1 teaspoon zest limon
- 2 gota miell all-purrose
- 1/4 teaspoon table sal t

Për Lemon Bar Batter:

- 6 vezë të mëdha
- 2 cups sugar
- 1/4 xhenxhefil i prerë, i kristalizuar
- 1/2 cup all-purpose miell
- 1 lugë çaji pjekje
- 2 tablespoons lemon zest
- 2/3 filxhan lëng limoni të freskët

Për përzierjen e bajames:

- 3/4 sur miell
- 1/2 filxhan sheqer
- 1/4 lugë çaji kripë
- 1/4 filxhan gjalpë (i shkrirë)
- 1/2 bajame të prera në feta
- Optional garnishes: një pluhër of powdere sugar, krem pana, etj.

Drejtimet:

Për koren e barit të limonit:

6. Prehean furrën tuaj në 350 gradë F.
7. Duke përdorur një mikser elektrik në këmbë ose të mbajtur me dorë, rrihni 1/4 filxhan sheqer, 3/4 kupë gjalpë të zbutur dhe 1

lugë çaji lëvore limoni me shpejtësi mesatare për 2 minuta ose derisa të bëhet një masë kremoze.
8. Në një tas të madh të veçantë, kombinoni 2 gota miell dhe 1/4 lugë çaji kripë. Gradualisht shtoni të mirat e thata (miellin dhe kripën) tek gjalpi me krem, sheqeri dhe vezët. Përziejini mirë derisa gjithçka të jetë e kombinuar plotësisht.
9. Pasi të përzihet brumi i brumit, vendosni një enë pjekjeje 9x13 inç me pak pjekje jo të njomë. Vendoseni enën e zbrazët, të lyer me yndyrë në frigorifer për të ftohur për të paktën 15 minuta para pjekjes.
10. Hiqeni pjatën nga frigoriferi dhe vendoseni brumin në ranë derisa të krijoni një shtresë të njëtrajtshme. (Mos i humbisni këndet!)
11. Piqni petkun për 15 deri në 20 minuta në furrën tuaj të paravendosur ose derisa të skuqet lehtë.
12. Hiqni koren nga furra dhe ulni temperaturën e furrës në 325 gradë F.
13. Tani lëreni koren të ulet anash.

ForLemon Bar Batter:

9. Rrihni së bashku 6 vezët dhe 2 gota sheqer.
10. Në një përpunues ushqimi ose blender, hidhni 1/2 filxhan miell së bashku me 1/4 filxhan xhenxhefil të kristalizuar. Pulsoni të dy përbërësit së bashku derisa të kombinohen plotësisht. Procedoni të përzieni miellin dhe xhenxhefilin në një tas me madhësi mesatare.
11. Përzieni 1 lugë pluhur pjekjeje në përzierjen e miellit dhe xhenxhefilit.
12. Ngadalë shtoni përzierjen e miellit dhe xhenxhefilit në tasin që përmban vezë dhe sheqer.
13. Rrihni lëngun e limonit dhe 2 tabela me lëng limoni derisa të kombinohen plotësisht dhe të zbuten.
14. Hidheni brumin e barit të limonit mbi koren e ftohur, duke e zbehur dhe tundur enën për të lejuar që çdo flluskë ajri të shpëtojë.

15. Piqni petët e limonit në furrën tuaj të paracaktuar për 15 deri në 20 minuta ose derisa mbushja me limon të jetë mbyllur mezi.
16. Lemove lemon ars from the ofen dhe place to side tani për tani.

    Për përzierjen e bajameve të prera:

4. Përzieni së bashku 3/4 e mbetur miell, 1/2 filxhan sheqer dhe 1/4 lugë çaji kripë në një tas të vogël.
5. Hidhni në të 1/4 e gjalpit të shkrirë dhe përzieni përbërësit derisa të jenë përzier mirë.
6. Shtoni 1/2 filxhan bajame të prera në feta dhe përzieni edhe një herë.
7. Spërkateni përzierjen e bajames dhe sheqerit mbi shufrat e nxehta të limonit dhe më pas vendoseni në furrë për 20 deri në 25 minuta shtesë, derisa të zbardhet.
8. Hiqni shufrat e limonit nga furra dhe lërini të ftohen në enën e pjekjes mbi një raft me tel për të paktën 1 orë.
9. Pritini limonin tuaj në mënyrë individuale dhe shërbejeni menjëherë me një gotë sheqer të pjekur, nëse ju lutemi.

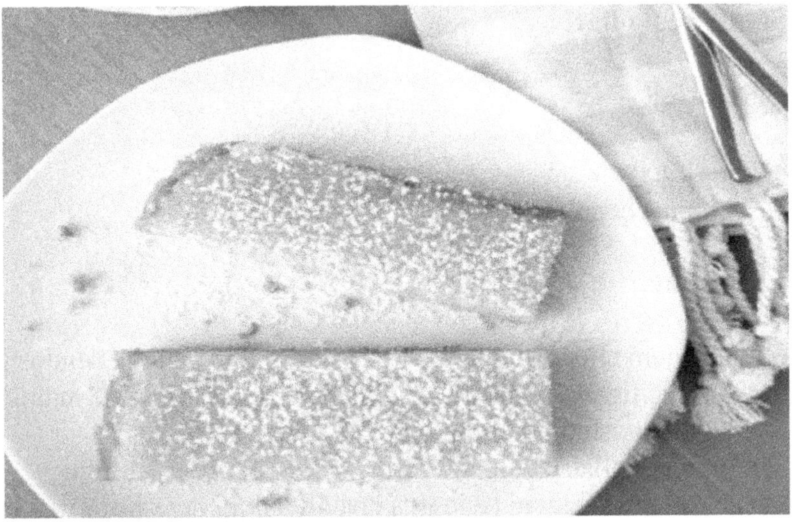

56. Bar çokollatë

Përbërësit:

- 1/4 kupë gjalpë
- 4 kupa chosolate

Drejtimet:

6. Shkrijeni chocolate në një tas të pastër e të thatë të vendosur mbi një tigan me ujë që mezi zien. Nëse dëshironi të matni kuzhinën, shtoni gjalpin tuaj.
7. Sapo çokollata të shkrihet (dhe të kalitet, nëse e kalitni çokollatën), hiqeni tasin nga ena dhe hiqni lagështinë nga fundi i tasit.
8. Hidhni ose hidhni me lugë një shtresë chocolate në mykun tuaj. Ndajini ato në banak disa herë për të shpërndarë çokollatën në mënyrë të barabartë dhe për të lëshuar çdo flluskë ajri; më pas duke punuar shpejt, sipër me çdo lloj arra, fruta të thata ose përbërës të tjerë që dëshironi dhe shtypni pak.
9. Ju gjithashtu mund të përzieni përbërësit në kuzhinë, si p.sh. arrat e pjekura, farat, drithërat e pjekura, marshma e thekur ose përbërës të tjerë, më pas hidhni përzierjet në përzierje.
10. Vendosni menjëherë shufrat në frigorifer derisa të forcohen. Nëse përdoret tempered chocolate, nuk duhet të duhen më shumë se pesë minuta që ata të forcohen. Përndryshe, shkolla do të marrë më shumë kohë.

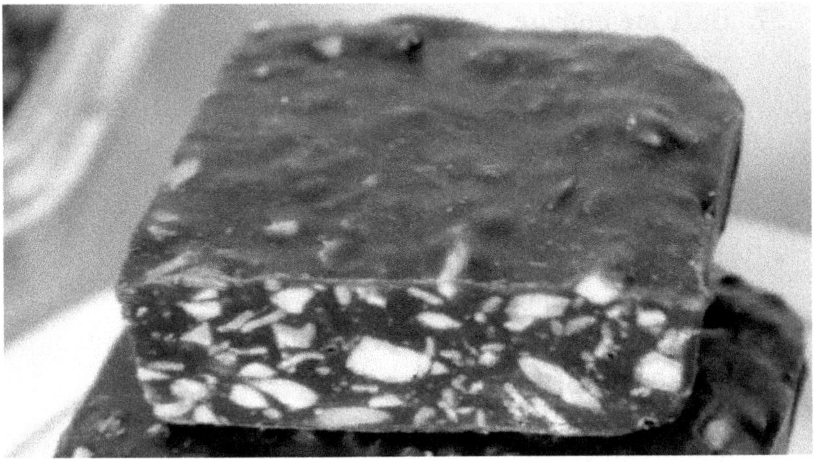

57. Bare me bollgur

Koha e përgatitjes: 15 minuta
Koha e gatimit: 25-30 minuta
Serbimet: 14-16
Përbërësit:
- 1 ¼ filxhan tërshërë të modës së vjetër
- 1 ¼ filxhan miell për të gjitha përdorimet
- ½ filxhan arra të thekura të grira hollë (shih Shënimin)
- ½ filxhan sheqer
- ½ lugë çaji sodë buke
- ¼ lugë çaji kripë
- 1 filxhan gjalpë, i shkrirë
- 2 lugë çaji vanilje
- 1 filxhan reçel me cilësi të mirë
- 4 krisur të plota graham (8 katrorë), të grimcuar
- Krem pana, për servirje (opsionale)

Drejtimet:
4. Ngrohni furrën në 350°F. Lyeni me yndyrë një tavë pjekjeje katrore 9 inç. Në një tas, vendosni dhe përzieni tërshërën, miellin, arrat, sheqerin, sodën e bukës dhe kripën. Në një tas të vogël bashkojmë gjalpin dhe vaniljen. Shtoni përzierjen e gjalpit në përzierjen e tërshërës dhe përzieni derisa të bëhet e thërrmuar.
5. Rezervoni 1 filxhan për sipër dhe shtypni përzierjen e mbetur të tërshërës në fund të tavës së pjekjes. Përhapeni reçelin në mënyrë të barabartë sipër. Shtoni krisurat e grimcuara në përzierjen e rezervuar të tërshërës dhe spërkatni mbi reçelin. E pjekim për rreth 25 deri në 30 minuta, ose derisa skajet të marrin ngjyrë kafe. Ftoheni plotësisht në tigan mbi një raft.
6. Pritini në 16 katrorë. Shërbejeni, duke shtuar një copë krem pana sipas dëshirës.
7. Ruajtja e tij në një enë qelqi në frigorifer do të ndihmojë në ruajtjen e tij.

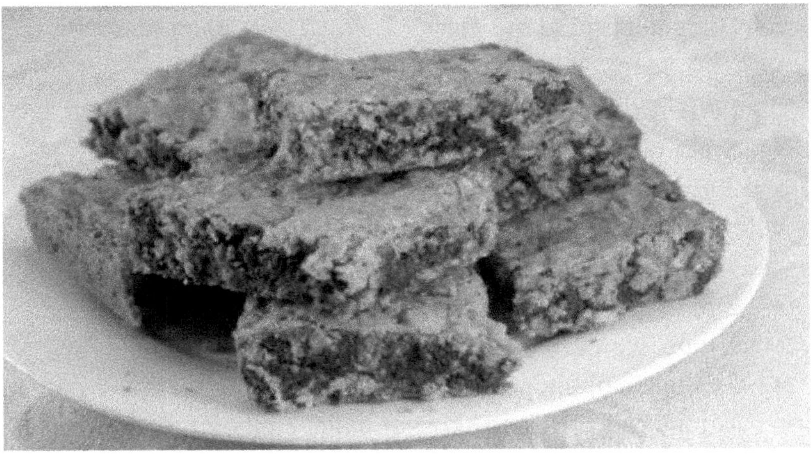

58. Bare përtypëse me arra

Përbërësit:
- Sprej pjekjeje që nuk ngjit
- 2 gota plus
- 2 lugë miell për të gjitha përdorimet, të ndara
- ½ filxhan sheqer të grimcuar
- 2 lugë gjelle plus
- 2 lugë. gjalpë
- 3½ lugë çaji gjalpë pa kripë, të prerë në copa
- ¾ lugë çaji plus kripë kosher majë, e ndarë
- ¾ filxhan sheqer kafe të errët të paketuar
- 4 vezë të mëdha
- 2 lugë çaji ekstrakt vanilje
- 1 filxhan shurup misri i lehtë
- 2 gota pecans të copëtuara
- Arrat e pekanit të prera në gjysmë

Drejtimet:

11. Ngroheni furrën në 340°F. Lyejeni tavën duke përdorur një llak që nuk ngjit dhe lyeni me letër pergamene me një mbingarkesë në të dy anët, në mënyrë që të mund t'i ngrini me lehtësi shufrat nga tava.
12. Duke përdorur një blender ose përpunues ushqimi, miellin, sheqerin, llojet e gjalpit dhe ¾ lugë çaji kripë derisa të kombinohen. Përzierja do të formohet në grumbuj.
13. Transferoni brumin në tavën e përgatitur. Shtypeni fort dhe në mënyrë të barabartë në fund të tiganit. Shponi korën në të gjithë me një pirun dhe piqni derisa të lehtë në një kafe të artë mesatare, 30 deri në 35 minuta.
14. Duke përdorur të njëjtin tas të përpunuesit të ushqimit, kombinoni sheqerin kaf, 2 lugët e mbetura miell, pak kripë,

vezët, vaniljen dhe shurupin e misrit. (Shtojeni në fund shurupin e misrit, që të mos ngecë në fund të procesorit të ushqimit.)
15. Pulsoni derisa të kombinohen plotësisht. Kthejeni përzierjen në një tas të madh
dhe shtoni pecanët.
16. Hidhni me lugë përzierjen e pekanit në mënyrë të barabartë mbi koren e pjekur. Vendosni disa gjysma shtesë të pekanit në pjesën e sipërme të mbushjes si dekorim.
17. Vendoseni përsëri tavën në furrë dhe lëreni të piqet derisa qendra të jetë vendosur vetëm 35 deri në 40 minuta. Në rast se pjesa e brendshme ende tundet, përgatituni për disa minuta të tjera; nëse vëreni se shufrat kanë filluar të fryhen në qendër, hiqni ato menjëherë. Vendosini ato në një raft dhe lërini të ftohen përpara se t'i prisni në katrorë 16 (2 inç) dhe të hiqni shufrat.
18. Ruajtja: Ruani shufrat në një enë hermetike në temperaturën e dhomës për 3 deri në 5 ditë ose ngrini deri në 6 muaj. Mund të jenë shumë ngjitëse, prandaj mbështillini me letër pergamenë ose dylli.

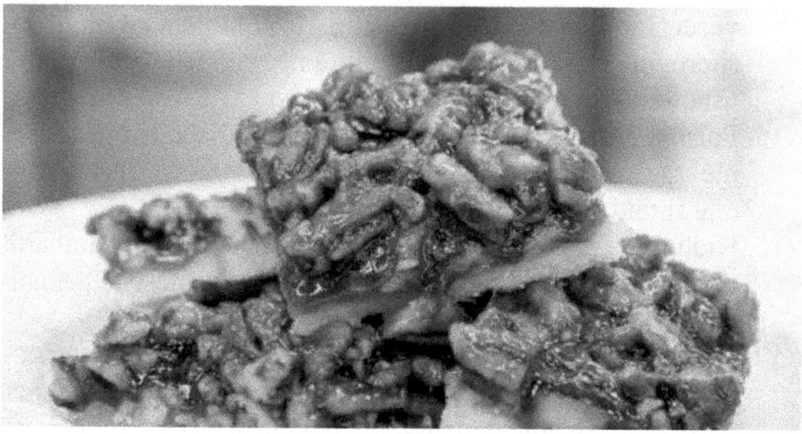

PËRFUNDIM

Baret e ëmbëlsirave më të mira zakonisht kanë shtresa shije dhe vijnë në shumë variacione, mundësitë janë të pafundme, shikoni se çfarë mund të gjeni!

Baret e ëmbëlsirave gjithashtu bëjnë një dhuratë vërtet të bukur për Krishtlindje ose ndonjë dhuratë tjetër të rastit të veçantë për miqtë dhe familjen. Kush nuk do të dëshironte të merrte një paketë të dekoruar bukur të mbushur me bare ëmbëlsirash të bëra vetë? Kjo mund të jetë një nga dhuratat më të mira ndonjëherë! Kanë një jetëgjatësi mjaft të gjatë dhe mund të piqen disa ditë përpara. Ato gjithashtu mund të ruhen në frigorifer nëse mbështillen fort me mbështjellës plastik.

Me këtë libër gatimi, patjetër që do t'i bëni mysafirët tuaj të dëshirojnë të kthehen për një shesh tjetër për të ngrënë!

Milton Keynes UK
Ingram Content Group UK Ltd.
UKHW022028131124
451149UK00013B/1343

9 781836 871972